LE PRINCE

LUCIEN BONAPARTE

ET

SA FAMILLE

L'auteur et les éditeurs déclarent réserver leurs droits de traduction et de reproduction à l'étranger.

Ce volume a été déposé au ministère de l'intérieur (section de la librairie) en octobre 1888.

Paris 25 Août 1889.

Mon cher Baron,

Je vous adresse le livre du Prince Lucien dont nous avons parlé l'autre jour.

Votre affectionné
Roland Bonaparte

PARIS. TYPOGRAPHIE DE E. PLON, NOURRIT ET Cie, RUE GARANCIÈRE, 8.

Le Prince Lucien Bonaparte

LE PRINCE

LE PRINCE
LUCIEN BONAPARTE
ET
SA FAMILLE

OUVRAGE ACCOMPAGNÉ DE DOUZE PORTRAITS

PARIS
LIBRAIRIE PLON
E. PLON, NOURRIT ET Cie, IMPRIMEURS-ÉDITEURS
RUE GARANCIÈRE, 10
—
1889
Tous droits réservés

AVANT-PROPOS

La nouvelle du désastre de Waterloo s'était abattue sur Paris consterné, et avait mis le deuil dans tous les cœurs français.

Le 21 juin 1815, M. le comte Carnot, ministre de l'intérieur, fit à la Chambre des pairs la communication suivante :

« L'Empereur est arrivé à onze heures. Il a con-
« voqué le conseil des ministres ; il a annoncé que
« l'armée, après une victoire signalée dans les
« plaines de Fleurus, où l'élite de l'armée prussienne
« a été écrasée, a livré une grande bataille deux

« jours après, à quatre heures de Bruxelles : l'armée
« anglaise a été battue toute la journée et obligée de
« céder son champ de bataille.

« On avait pris six drapeaux anglais, et la journée
« était décidée, lorsqu'à la nuit, des malveillants ont
« répandu l'alarme et occasionné un désordre que
« la présence de Sa Majesté n'a pu rétablir à cause
« de la nuit.

« La suite a été des désastres qu'on n'a pu arrêter.

« L'armée se rallie sous les murs d'Avesnes et de
« Philippeville. Sa Majesté a passé à Laon. Elle y a
« donné des ordres pour que la levée en masse des
« gardes nationales du département arrête les
« fuyards.

« Elle est venue à Paris, pour conférer avec les
« ministres sur les moyens de rétablir le matériel de
« l'armée.

« L'intention de Sa Majesté est de se concerter
« aussi avec les Chambres sur les mesures législa-
« tives qu'exigent les circonstances.

« Sa Majesté s'occupe en ce moment des proposi-
« tions à porter aux Chambres. »

Avant-propos.

Quelques heures plus tard, le PRINCE LUCIEN BONAPARTE et les ministres étaient introduits dans la salle des séances de la Chambre des représentants.

« — Messieurs les représentants, dit le Prince,
« nommé commissaire extraordinaire de Sa Ma-
« jesté Impériale pour me rendre dans votre sein,
« afin de concerter avec vous des mesures de pru-
« dence, je dépose sur le bureau le message de Sa
« Majesté et je demande que vous veuilliez bien
« vous former en comité secret pour entendre les
« ministres. »

A huit heures et demie, le Prince se rendait à la Chambre des pairs pour y porter le message de Sa Majesté.

Dans les deux Chambres, une commission était immédiatement nommée pour conférer avec le conseil des ministres, recueillir les renseignements sur l'état de la France et proposer tout moyen de salut public.

a.

Le lendemain, le *Moniteur universel* (n° 174, vendredi 23 juin 1815) publiait la déclaration suivante :

INTÉRIEUR

Paris, 22 juin.

DÉCLARATION AU PEUPLE FRANÇAIS.

« Français,

« En commençant la guerre pour soutenir l'indé-
« pendance nationale, je comptais sur la réunion de
« tous les efforts, de toutes les volontés, et le con-
« cours de toutes les autorités nationales; j'étais
« fondé à en espérer le succès et j'avais bravé toutes
« les déclarations des puissances contre moi.

« Les circonstances me paraissent changées. Je
« m'offre en sacrifice à la haine des ennemis de la
« France. Puissent-ils être sincères dans leurs décla-
« rations et n'en avoir réellement voulu qu'à ma
« personne! Ma vie politique est terminée, et je pro-
« clame mon fils sous le titre de Napoléon II, Em-
« pereur des Français.

« Les ministres actuels formeront provisoirement
« le conseil du gouvernement. L'intérêt que je porte
« à mon fils m'engage à inviter les Chambres à orga-
« niser sans délai la régence par une loi.

« Unissez-vous tous pour le salut public et pour
« rester une nation indépendante.

« *Signé* : Napoléon. »

Cette déclaration, ajoute le *Moniteur*, a été portée à une heure aux deux Chambres, savoir : à la Chambre des pairs par M. le comte Carnot; à la Chambre des représentants par M. le duc d'Otrante.

Les délibérations prises par ces Assemblées sur cette communication ont été présentées dans l'après-midi à Sa Majesté, par des députations composées des membres du bureau de chacune des Chambres.

Sa Majesté a répondu à l'une et à l'autre de ces députations à peu près en ces termes :

« Monsieur le Président, je vous remercie des
« sentiments que vous m'exprimez. Je recommande

« à la Chambre de renforcer les armées et de les
« mettre dans le meilleur état de défense : qui veut
« la paix doit se préparer à la guerre. Ne mettez pas
« cette grande nation à la merci de l'étranger, de
« peur d'être déçus dans vos espérances. Dans
« quelque position que je me trouve, je serai heu-
« reux si la France est libre et indépendante. *Si j'ai
« remis le droit qu'elle m'a donné à mon fils, de mon
« vivant, ce grand sacrifice, je ne l'ai fait que pour
« le bien de la nation et l'intérêt de mon fils, que
« j'ai en conséquence proclamé Empereur.* »

De retour à neuf heures et demie du soir à la séance permanente de la Chambre des pairs, le président de la députation rendit compte en ces termes de sa mission :

« Nous nous sommes, le bureau et moi, rendus chez l'Empereur, et lui avons remis la déclaration de la Chambre. Il nous a répondu qu'il acceptait avec plaisir nos sentiments; « mais, nous a-t-il dit, « je vous répète ce que j'ai dit au président de la

Avant-propos.

« Chambre des représentants : *Je n'ai abdiqué que
« pour mon fils.* »

Le prince Lucien prend la parole :

— Il s'agit, dit-il, d'éviter la guerre civile; de savoir si la France est une nation indépendante, une nation libre. *L'Empereur est mort, vive l'Empereur! L'Empereur a abdiqué, vive l'Empereur!* Il ne peut y avoir d'interruption entre l'Empereur qui meurt ou qui abdique, et son successeur. Telle est la maxime sur laquelle repose une monarchie constitutionnelle. Toute interruption est anarchie.

Je demande qu'en conformité de l'acte additionnel qui vient d'être sanctionné pour la seconde fois par le vœu de la Chambre des pairs et de celle des représentants, la Chambre des pairs qui a juré fidélité à l'Empereur et aux constitutions, qui, naguère, dans le Champ de Mai, à la face de la France et de l'Europe entière, les a proclamés, la Chambre des pairs sans délibération, par un mouvement spontané et unanime, déclare devant le peuple français et les étrangers qu'elle reconnaît Napoléon II comme

Empereur des Français. J'en donne le premier l'exemple, et lui jure fidélité : si une minorité factieuse voulait attenter à la dynastie et à la constitution, ce n'est pas dans la Chambre des pairs que l'on trouverait des traîtres; ce n'est pas dans la Chambre des pairs, qui a donné l'exemple du dévouement, que les factieux trouveraient un appui.

Plusieurs voix. — Appuyé.

M. LE COMTE DE PONTÉCOULANT. — Il m'est pénible, Messieurs, d'avoir à proposer une opinion contraire à celle du préopinant.

Ce que je n'aurais pas dit dans la prospérité de l'Empereur, je le dis aujourd'hui que l'adversité l'a frappé. Napoléon est mon bienfaiteur, je lui dois tout. Je lui suis resté fidèle jusqu'au moment où il me délie de mes serments, et ma reconnaissance de ses bienfaits m'y (*sic*) tiendra toujours lié jusqu'à mon dernier soupir.

Mais on nous propose le contraire de ce qui est l'usage d'une Assemblée délibérante. Si j'ai bien entendu, on veut nous faire adopter une proposition sans délibération.

Mais, je le demande au Prince, à quel titre parle-t-il dans cette Chambre? *Est-il Français? Je ne le reconnais pas comme tel.* Sans doute, je le trouve Français par ses sentiments, ses talents, par les services qu'il a rendus à la liberté, à l'indépendance nationale. Je veux bien l'adopter pour Français; *mais lui qui invoque la Constitution n'a point de titre constitutionnel. Il est prince romain, et Rome ne fait plus partie du territoire français.*

Le prince Lucien. — Je vais répondre à ce qui m'est personnel.

Le comte de Pontécoulant. — Vous répondrez après, Prince; respectez l'égalité dont vous avez donné tant de fois l'exemple.

Le préopinant a demandé une chose inadmissible. Nous ne pouvons l'adopter sans renoncer à l'estime publique, sans trahir nos devoirs et la patrie, dont le salut est entre nos mains.

On doit d'abord délibérer. La question qui se présente est de savoir si, lorsqu'une résolution a été prise par une Chambre et adoptée par l'autre, elle peut être changée par une des fractions de la puissance législative, lorsqu'il s'agit seulement de l'exécuter.

La délibération que nous avons prise ce matin est conforme aux lois, à la déclaration de l'Empereur, à l'intérêt du peuple français. Que veut-il? Qu'on proclame Napoléon II? Je suis loin de me déclarer contre ce parti, mais je déclare fermement, quels que soient mon respect et mon dévouement pour l'Empereur, que je ne reconnaîtrai jamais pour Roi un enfant, pour mon souverain celui qui ne résiderait pas en France. On irait bientôt retrouver je ne sais quel sénatus-consulte. On nous dirait que l'Empereur doit être considéré comme étranger ou captif, et que la régence est étrangère ou captive, et l'on nous donnerait une autre régence qui nous amènerait la guerre civile. Je demande que l'on délibère sur cette question, si elle n'est pas de nature à être écartée par l'ordre du jour, qui ne préjuge rien.

On nous parle de minorité factieuse. Où est-elle, cette minorité factieuse ? Sommes-nous des factieux, nous qui voulons la paix ? Je suis loin de croire que ce serait une minorité qui repousserait une résolution qui fermerait la porte à toute négociation, et qui tendrait à nous faire reconnaître pour souverain un individu qui ne réside pas en France.

Je demande la discussion ou l'ordre du jour.

M. LE PRINCE LUCIEN. — Si je ne suis pas Français à vos yeux, je le suis aux yeux de la nation entière.

Du moment où Napoléon a abdiqué, son fils lui a succédé.

Il n'y a pas de délibération à prendre, mais une simple déclaration à faire. L'Empereur a abdiqué en faveur de son fils. Nous avons accepté son sacrifice. Faut-il aujourd'hui lui en faire perdre le fruit ? Nous ne demandons pas l'avis des étrangers. En reconnaissant Napoléon II, nous faisons ce que nous devons faire, nous appelons au trône celui que la Constitution et la volonté du peuple y appellent.

. . . .

Dans une très belle étude sur deux romans de Lucien Bonaparte, publiée par M. Frédéric Masson dans la splendide revue illustrée *les Lettres et les arts* (août 1887), étude où l'auteur rend, du reste, pleine justice au caractère et aux qualités d'esprit et de cœur du frère de l'Empereur, nous lisons les lignes suivantes :

« Ne méritait-il point d'être, en ses grandes lignes
« au moins, tiré de l'oubli, ce roman [1] qui, en la vie
« de Lucien, met une unité, qui explique pourquoi,
« seul de tous les Bonaparte, celui-ci, le président
« des Cinq-Cents, l'agent principal du 18 Brumaire,
« le ministre de l'intérieur du Consulat, est de-
« meuré *sans titre* et sans couronne; qui montre à
« quel sentiment a obéi cet homme, qui a préféré
« à des trônes l'amour d'Alexandrine de Bles-
« champ? »

Ainsi, aux jours de malheur, à l'heure douloureuse où la fortune du plus grand héros de l'histoire moderne s'écroulait, foudroyée par la tempête, en

[1] *La Tribu indienne.*

pleine Chambre des pairs, dans cette Chambre qui avait acclamé avec tant d'enthousiasme, au Champ de Mai, l'Empereur reconquérant son trône, un homme qui, — il l'avouait lui-même, — devait tout au souverain, qui avait été le courtisan de sa fortune, accablé de ses bienfaits, un homme se levait pour combattre l'hérédité dynastique, suite naturelle de l'abdication volontaire, et ne craignait pas de contester le droit constitutionnel du prince Lucien à recommander à la Chambre le respect dû à la dernière volonté du souverain et la fidélité au serment juré, avec de telles protestations de dévouement, aux Constitutions de l'Empire. Et, dans l'allocution la plus diffuse, la plus ridiculement contradictoire, la plus « prudhommesque », dirait-on aujourd'hui, cet orateur en délicatesse avec l'éloquence ne trouvait rien de mieux que de dénier la qualité de Français au frère de l'Empereur, au Prince que Napoléon lui-même envoyait, comme son commissaire extraordinaire, porter son message aux Chambres, à l'homme qui, plus soucieux de la dignité de son caractère qu'avide d'honneurs, et plus fidèle à ses affections domestiques qu'ambitieux d'une couronne, s'était tenu éloigné de la majesté triomphante pendant toute la période de gloire et de prospérité, et revenait prendre sa place auprès du chef et du frère à l'heure des dangers.

« *A quel titre parle-t-il dans cette Chambre? Est-il Français? Je ne le reconnais pas comme tel!!...* »

Nous avons relevé également, dans l'étude essentiellement littéraire et, d'ailleurs, inspirée d'un sentiment très sympathique, de M. Frédéric Masson, cette assertion que le prince Lucien est demeuré *sans titre,* assertion dont nous nous proposons de démontrer l'inexactitude.

Ce n'est pas là seulement que pareille opinion a été émise, même sans compter les écrits dictés par l'esprit de parti et qui n'épargnent ni l'injure ni la calomnie.

C'est pourquoi nous publions cette notice, espérant prouver à tous ceux qui, par intérêt ou par passion, ont prétendu séparer Lucien Bonaparte de la famille impériale et le tiennent pour un simple particulier sans attache avec le trône, que si, par les motifs les plus honorables de fierté personnelle et de fidélité à des êtres chers, il crut devoir se soustraire pendant de longues années à la domination de son frère tout-puissant, il revint à lui dès qu'il vit l'orage s'amonceler sur sa tête; que la réconciliation se fit, sincère de part et d'autre, qu'il rentra dès lors dans le concert de la famille et fut aussitôt pourvu des titres et honneurs auxquels lui donnait droit sa parenté.

La Princesse Alexandrine Bonaparte

LE PRINCE
LUCIEN BONAPARTE
ET SA FAMILLE

CHAPITRE PREMIER

SES DÉBUTS. — PREMIER MARIAGE.

Lucien Bonaparte était le troisième fils de Charles Bonaparte et de Lætitia Ramolino. Charles, mort jeune à Montpellier, en 1785, laissait huit enfants, cinq garçons et trois filles, savoir :

Joseph, né en 1768, mort à Florence en 1844 (roi de Naples et d'Espagne).

NAPOLÉON, né en 1769, Empereur des Français, mort à Sainte-Hélène en 1821.

Lucien[1], né en 1775, mort à Viterbe en 1840.

Élisa, née en 1777, morte à Trieste en 1820 (grande-duchesse de Toscane).

---

[1] Voir aux Pièces justificatives. — Pièce n° 1.

Louis, né en 1778, mort en 1846 (grand connétable de France, roi de Hollande).

Pauline, née en 1780, morte en 1825 (princesse Borghèse).

Caroline, née en 1782, morte en 1839, femme de Murat (reine de Naples).

Jérôme, né en 1784, mort en 1860 (roi de Westphalie).

Nous passerons rapidement sur les premières années de Lucien Bonaparte, pour arriver à l'époque où il entra dans la vie politique et prit place dans les Assemblées.

Il commença ses études au collége d'Autun et les termina au séminaire d'Aix, après un court séjour à l'école de Brienne. Il se destinait alors à l'état ecclésiastique. La Révolution éclata peu après sa sortie du séminaire; il l'accueillit avec enthousiasme et jeta la soutane aux orties. Lorsque Paoli, dont il était devenu le secrétaire, souleva la Corse pour la placer sous la souveraineté des Anglais, Lucien se sépara de lui pour suivre ses aînés, Joseph et Napoléon, qui demeuraient fidèles à la France. La famille Bonaparte, poursuivie, proscrite, vit sa maison brûlée et dut s'échapper et fuir à Toulon, à peu près ruinée, et momentanément, tout au moins, réduite à une grande pauvreté.

Lucien, à la faveur de l'intérêt qu'excitaient les réfugiés

corses, obtint une place de garde-magasin des vivres à Saint-Maximin, petite ville du Var. Douze cents francs d'appointements. C'était maigre. Cependant, malgré l'infimité de sa situation, il commence, dès lors, à se faire une notoriété. Il parle dans les clubs, il parle bien, avec la conviction qui se communique et la chaleur qui entraîne. Il ne se fait pas remarquer seulement pour sa faconde, mais encore pour sa raison, beaucoup plus grave que ne le laisserait supposer son âge. Il n'a que vingt ans. Il avait, du reste, acquis déjà un titre plus sérieux à une sorte de célébrité. Pendant la Terreur, étant président du club révolutionnaire, il avait, au péril de sa vie, arraché au bourreau nombre de suspects qu'un proconsul envoyait à la guillotine. Sur l'ordre de Lucien, on sonna le tocsin, les patriotes se rassemblèrent, et à la voix généreuse de leur chef, délivrèrent les prisonniers et chassèrent les délégués terroristes.

A propos de cet épisode, nous lisons dans les *Souvenirs* de son fils, le prince Pierre-Napoléon Bonaparte, les lignes suivantes :

« Pour sa récompense, après le 9 thermidor, il fut
« appréhendé au corps par un de ceux qu'il avait sauvés
« d'une mort certaine, un certain Rey, escorté de beau-
« coup de royalistes, et il fut traîné dans un cachot, d'où
« il eut quelque peine à sortir. En racontant cet épisode
« à mes frères et à moi, il avait coutume de dire : « Faites

« le bien toutes les fois que vous pourrez, mais toujours
« sans compter sur la reconnaissance de ceux que vous
« obligez, car l'ingratitude est essentiellement dans la
« nature humaine, et la gratitude est l'exception. »

Nous sommes en 1794 : Lucien a vingt ans. Il s'éprend d'une jeune fille, sœur de l'aubergiste chez lequel il loge, mademoiselle Catherine Boyer, et l'épouse.

Catherine Boyer, — que son mari baptisa *Christine,* et qui, dans certaines biographies, est désignée sous le nom de Christine-Éléonore Boyer, — sans être d'une beauté parfaite, avait le charme qui attire le regard et pénètre le cœur. « Elle était grande, bien faite et svelte;
« elle avait dans la taille et dans la démarche ce moelleux
« abandon et cette grâce native que donnent l'air et le
« ciel du Midi. Son regard était bienveillant, son sourire
« doux. » Lucien l'adorait, et elle méritait son amour, car l'aimable jeune femme, dont malheureusement l'éducation avait été complétement négligée, et qui ne put signer l'acte de son mariage, *ne sachant pas écrire,* tenta l'impossible pour s'élever jusqu'à son mari. « Elle avait
« tout fait pour s'instruire, et l'on a d'elle des lettres bien
« tournées, pleines de cœur, très *femme* », dit M. Frédéric Masson dans l'étude dont nous avons parlé. « C'était
« maintenant, cette fille de l'aubergiste de Saint-Maxi-
« min, une des élégantes de Paris, sachant au mieux ce

Ses débuts. — Premier mariage.

« qui lui seyait, faisant fort bien les honneurs d'un salon
« où tout le monde s'empressait de paraître et où, un an
« plus tard, le premier Consul ne dédaignait pas de se
« rencontrer avec madame Récamier et l'élite de la société
« nouvelle. »

Elle mourut le 4 floréal an VIII (14 mai 1800). Lucien fut en proie à un véritable désespoir.

« Immense et première douleur de ma vie, écrit-il;
« Christine Boyer, ma femme, vient de mourir. C'est avec
« sa cendre inanimée que j'entre dans le manoir acquis
« pour elle et embelli à son intention. Ame douce et
« pure! etc., etc. »

Il lui éleva un tombeau dans son parc de Plessis-Chamant. Il y venait chaque jour avec ses filles cultiver le jardin funéraire, et se fit peindre par Gros, dans une attitude mélancolique, près du buste de Christine.

En 1795, Lucien obtint une place d'inspecteur dans l'administration militaire à Saint-Chamant. Mais, — étrange retour des choses dans les époques révolutionnaires, — il fut bientôt arrêté comme suspect, et par quelques-uns des suspects mêmes qu'il avait arrachés à la mort. On le conduisit en prison à Aix. Il fallut, pour l'en faire sortir, l'influence de son frère, qui le fit nommer alors commissaire des guerres aux armées d'Allemagne et du Nord.

L'année suivante, il retourna en Corse, chargé d'instructions de Bonaparte. Ce fut là qu'il apprit les rapides victoires du jeune général, et que lui arriva la nouvelle du coup d'État du 18 fructidor.

Lorsque fut décidée la campagne d'Égypte, Bonaparte proposa à Lucien de l'emmener avec lui. Mais celui-ci, qui avait acquis en Corse une grande popularité, informé que ses concitoyens se proposaient de l'envoyer au conseil des Cinq-Cents, préféra courir les chances de cette élection. Il y avait, à la vérité, deux obstacles qui devaient la rendre parfaitement inutile; d'abord, la députation était complète; ensuite, Lucien n'avait pas atteint l'âge de l'éligibilité. Malgré tout, il fut nommé par acclamation. Si illégale et superflue que fût cette élection, le prestige du jeune vainqueur de la campagne d'Italie était si grand, que le Conseil passa par-dessus la loi, ou plutôt en fit une spéciale, pour n'avoir pas à repousser de ses rangs un frère du glorieux général. L'Assemblée valida donc l'élection, et Lucien Bonaparte vint prendre part aux débats législatifs.

CHAPITRE II

AUX CINQ-CENTS. — LE 18 BRUMAIRE

Lucien était un esprit profondément libéral, ouvert à tous les sentiments généreux, à toutes les nobles aspirations; il fut toujours un républicain convaincu, épris de justice et de légalité; le rôle de premier plan, qu'il joua au 18 brumaire, même, ne dément pas cette affirmation. Nous aurons plus d'une fois, dans cette notice, l'occasion de prouver par d'irrécusables témoignages que, tout en admirant le génie du grand Empereur, il ne renia jamais sa foi première pour profiter de ses bienfaits, et osa même ne pas dissimuler au maître tout-puissant les douleurs que lui faisaient éprouver les outrages infligés à la liberté.

Aussi se fit-il remarquer aux Cinq-Cents comme le plus ardent et le plus éloquent avocat des causes généreuses : il parla en faveur de la liberté de conscience, appela la sollicitude nationale sur les veuves et les enfants des défenseurs de la patrie, combattit avec une extrême vigueur le rétablissement projeté de l'impôt sur le sel et sur les objets de première nécessité, et signala avec véhémence les scandales et les prévarications des détenteurs de la fortune publique, des dilapidateurs si nombreux dans les services de l'armée.

Voici, du reste, comment il raconte lui-même, dans ses *Mémoires*, ses débuts et les événements successifs qui déterminèrent son opposition au Directoire [1] :

« Je passai les premiers mois sans prendre dans le
« Conseil une couleur décidée. Animé d'un républica-
« nisme sincère, je croyais devoir garder mon indépen-
« dance individuelle entre les différents partis. N'osant
« pas aborder cette redoutable tribune, quelque bonne
« envie que j'en eusse, j'écoutais attentivement et je me
« piquais de voter tour à tour avec les directoriaux ou
« avec l'opposition, selon qu'ils me paraissaient avoir
« raison. Il n'y avait plus de royalistes dans les Chambres.

---

[1] Les *Mémoires* du prince Lucien Bonaparte, auxquels nous avons, dans cette notice historique, fait de nombreux emprunts, ont été retrouvés et recueillis dans les diverses archives de l'État : Ministères, Chancellerie, Sénat, etc. Ils ont donc un incontestable caractère d'authenticité. Ce sont ces mémoires que M. le colonel Jung a réunis en volumes et publiés à la librairie Charpentier.

« Le 18 fructidor les avait assez accablés pour que, depuis
« huit mois écoulés, ils n'eussent pas encore repris cou-
« rage. Le parti directorial me parut d'abord le plus rai-
« sonnable. Pourquoi ne pas aider le gouvernement, au
« moment surtout où la nullité du congrès de Rastadt
« faisait craindre la reprise des hostilités?

« L'affaiblissement de nos armées par le départ de
« Napoléon n'était qu'un motif de plus pour ne pas nous
« affaiblir encore par la discorde...

. . . .

« Non-seulement je n'avais pas à me plaindre du
« Directoire, mais les liaisons de mes frères avec Barras,
« à qui, d'ailleurs, j'avais dû ma délivrance des prisons
« d'Aix, m'avaient attiré au Luxembourg ; j'y fus très-
« bien traité ; je n'eus qu'à me louer de Barras, Rewbel,
« La Revellière, Merlin et Treilhard. Aussi je ne cher-
« chai nullement à m'ériger en censeur. Je n'entrai dans
« aucune opposition systématique. Mes premiers votes
« furent plus souvent favorables au gouvernement, et il
« n'y eut aucune considération personnelle dans ma con-
« duite.

« Mais peu de mois après mon admission au Conseil,
« il n'y eut plus moyen de soutenir le Directoire. Outre
« que la fortune lui fut adverse, ses propres inconsé-
« quences, sa faiblesse et son incapacité n'admettaient
« plus d'excuse vraisemblable. Après s'être privé de sa

« plus grande force, il provoquait, par une folle audace,
« la guerre qu'il fallait au moins retarder jusqu'à ce que
« nos préparatifs fussent terminés. Il avait réuni Genève
« et Mulhouse à la France; il avait révolutionné une
« seconde fois la Hollande; il troublait la Suisse, de
« peur, sans doute, de garder un allié. En un mot, ce
« malheureux gouvernement paraissait frappé de ver-
« tige. Pour comble d'imprudence, il voulut désorga-
« niser la Cisalpine, le principal ouvrage de Napoléon
« en Italie. Ce fut ici seulement que mon frère Joseph et
« moi nous nous déclarâmes pour l'opposition, persuadés
« que la composition présente du pouvoir exécutif ne
« laissait plus d'espoir à la République.

« Ce fut au commencement de fructidor (fin du mois
« d'août 1798), trois mois après mon entrée au Corps
« législatif, que j'attaquai pour la première fois le gou-
« vernement, au sujet de la république Cisalpine. »

A partir de ce moment donc, Lucien se rangea ouvertement dans l'opposition constitutionnelle et contribua puissamment au mouvement du 30 prairial (18 juin 1799), qui renouvela les membres du gouvernement et nomma une commission de onze membres chargée de présenter les mesures exigées par les circonstances. Il fut nommé membre de cette commission.

Cette révolution, faite pour rétablir l'union entre les

... Pour comble d'imprudence, il voulut désorganiser la Cisalpine, le principal ouvrage de Napoléon en Italie. Ce fut à cette occasion que mon frère Joseph et ... nous nous ... ... que la compositi... ... ... ne ... plus d'espoir à la ... olli...

Ce fut au commencement de fructidor fin du mois d'août 1799, trois m... ... mon... ... au Corps législatif, que ... ... fois ...

À ... ... ges ouvertement dans l'opp... à la constitutionne... et contribua puissamment au mouvement du 30 prairial 18 juin 1799, qui renouvela les membres du gouvernement et nomma ... commission de sept membres chargée de ...

CHARLES MARIE BONAPARTE

pouvoirs, n'eut malheureusement pas les résultats qu'on en attendait; bientôt la même confusion régna. La situation s'aggravait de jour en jour; la lutte des partis arrivée aux dernières violences, la tribune retentissant des propositions les plus révolutionnaires, la presse provoquant à la guerre civile, l'adoption d'une loi des otages, digne sœur de la loi des suspects, les clameurs des clubs, la désunion parmi les directeurs, l'Ouest et le Midi troublés de nouveau par l'insurrection royaliste, tout s'unissait pour jeter l'inquiétude dans le pays. A l'extérieur, la coalition devenait de plus en plus menaçante : Souwarow gagnait chaque jour du terrain; le désastre de Novi et la défection de la flotte batave portèrent au comble les angoisses de la nation. Partout le besoin d'une main forte se faisait sentir.

« Ah! dit un jour Sieyès à Lucien, nous n'avons donc pas une épée pour nous? Ah! que votre frère n'est-il ici! »

« L'an VII de la République », lit-on dans les mémoires déjà cités, « avait fini sous de tristes auspices. Les Anglo-
« Russes en Hollande, les Austro-Russes en Italie, pres-
« saient nos armées. Chaque jour nous apportait un
« nouveau revers, et nos adversaires, tournant ces défaites
« contre le Directoire, menaçaient ouvertement de le
« renverser. »

L'an VIII s'ouvrit heureusement sous des auspices plus favorables. Nos soldats venaient de reprendre l'offensive et avaient culbuté l'armée anglo-russe à Berghen, tuant ou blessant 3,000 hommes, faisant 1,500 prisonniers, prenant 5 drapeaux et 20 pièces de canon.

Quelques jours après, nouveaux messages de victoire. Masséna avait passé la Limmat et livré la bataille de Zurich; les armées coalisées, détruites et dispersées; le général en chef tué; magasins, canons, armes, bagages, caisse militaire, tout était tombé en notre pouvoir; vingt-cinq mille tués ou prisonniers ennemis.

Et Masséna envoyait en même temps cette laconique dépêche :

« Souwarow arrive : il attaque mon aile droite; il compte sur l'armée que j'ai vaincue; je vais le vaincre. »

Et il fit comme il l'avait promis.

En effet, Souwarow, après avoir franchi le Saint-Gothard avec vingt mille soldats, descend dans la plaine, où il espère trouver les Austro-Russes; c'est Masséna qu'il trouve à leur place, qui le met en déroute et le poursuit l'épée dans les reins.

Le même jour, une dépêche d'Égypte, de Bonaparte, datée du 10 thermidor (28 juillet 1799), apprenait la victoire d'Aboukir et l'anéantissement de l'armée turque, forte de 20,000 hommes.

Le 21 vendémiaire (12 octobre 1799), une nouvelle

arriva à Paris, qui, en quelques instants, mit la ville entière en émoi :

« Bonaparte est en France! il a débarqué à Fréjus; il arrive! »

Le soir, à tous les théâtres, cette nouvelle fut proclamée et accueillie par les plus vives acclamations.

Dans les deux Conseils, lorsque fut lue la nouvelle, au nom de Bonaparte, des cris de joie interrompirent la lecture, et tout le monde se leva spontanément, comme frappé d'une étincelle électrique.

Le *Moniteur* publia l'article suivant :

« Le convoi sur lequel est venu Bonaparte était com-
« posé de deux frégates et d'un vaisseau de transport. Il
« voulait débarquer à Toulon; mais étant chassé par les
« Anglais, qui l'avaient rencontré plusieurs fois dans ce
« trajet, il aborda à Fréjus après une traversée de qua-
« rante-sept jours. En débarquant, lui et tous les Fran-
« çais qui l'accompagnaient baisèrent le sol libre de la
« France. Une foule immense de citoyens se rassembla
« sur le port et ne voulut pas souffrir la moindre quaran-
« taine. Le soir, la ville fut illuminée. Des bals, des chants
« populaires, des concerts marquèrent la joie publique.
« Un gendarme partit aussitôt en courrier. Le Direc-
« toire vient de faire prévenir la citoyenne Bonaparte,
« qui est partie avec Joseph et Lucien Bonaparte pour

« aller rejoindre l'illustre voyageur et l'emmener à
« Paris. »

Le 15 octobre 1799, Bonaparte arriva dans sa petite maison de la rue Chantereine, nommée depuis rue de la Victoire.

Lucien dit dans ses Mémoires que Bonaparte avait appris, par les journaux que Sidney-Smith lui avait envoyés, les revers de nos armées, et qu'il était parti sans appel et sans préméditation.

Nous croyons cependant, — sur le témoignage de pièces authentiques, — que, dès le 26 mai, Barras, Rewbel et La Revellière-Lépeaux avaient adressé la dépêche suivante au général en chef de l'armée d'Égypte :

« Les efforts extraordinaires, citoyen général, que
« l'Autriche et la Russie viennent de déployer, la tour-
« nure sérieuse et presque alarmante que la guerre a
« prise, exigent que la République concentre ses forces.
« Le Directoire vient en conséquence d'ordonner à l'ami-
« ral Brueix d'employer tous les moyens en son pouvoir
« pour se rendre maître de la Méditerranée et pour se
« porter en Égypte à l'effet d'en ramener l'armée que
« vous commandez. »

Une lettre de Talleyrand à l'amiral confirme cette démarche du Directoire :

« Voilà votre mission revenue à votre première idée,
« mon cher Brueix; j'en suis enchanté. Vous voilà hors
« du vague, vous avez un but, un but prescrit, un but
« de la plus grande importance. Le Directoire n'écrit
« qu'un mot à Bonaparte; je lui envoie une lettre de
« Barras à laquelle j'ai joint quelques lignes. Le Direc-
« toire s'en rapporte à vous pour l'instruire de notre
« situation intérieure et extérieure. Ramenez-le. On vous
« recommande le secret le plus absolu sur votre mission.
« Adieu, je vous embrasse et vous aime bien. »

Évidemment, le secret avait été bien gardé, et Lucien n'eut pas connaissance de ces négociations.

Toujours est-il que Bonaparte relâcha à Ajaccio et y resta plusieurs jours. Ce fut là qu'il apprit les dernières nouvelles de France.

Il questionna avec empressement les fonctionnaires civils et militaires, apportant surtout une grande attention à tous les détails qui lui furent donnés sur la situation de Paris. On lui remit les journaux les plus récents; il les dévora. A la lecture de chaque passage qui intéressait ses desseins, il s'écriait en frappant du pied : « Ah! j'arriverai trop tard! » témoignant ainsi la crainte de trouver consommée la révolution qu'il méditait lui-même.

Les vents contraires l'ayant retenu à Ajaccio, il employa cet intervalle à prendre des précautions minutieuses pour se soustraire en mer aux croisières ennemies. Une felouque de poste fut amenée à son bâtiment, ayant trente habiles rameurs à bord. A la moindre fâcheuse rencontre, Bonaparte se serait jeté dans la felouque pour gagner, à force de rames, les côtes de Provence.

« Ah ! que votre frère n'est-il ici ! » avait dit Sieyès à Lucien.

Il y était maintenant, et le 18 brumaire fut préparé.

Lucien avait été élu président des Cinq-Cents ; sa présidence fut inaugurée par de nouvelles victoires ; les entreprises des Anglo-Russes débarqués sur le sol batave avaient échoué, et une capitulation demandée par le duc d'York avait été signée à Alkmaër, le 26 vendémiaire.

Bonaparte était à Paris depuis quinze jours, montrant la plus grande circonspection entre les compétitions des partis qui, chacun de son côté, cherchaient à l'accaparer. Mais ses opinions commençaient néanmoins à ne plus faire doute pour personne ; il se séparait des jacobins.

Lucien mit alors son frère en relation avec Sieyès. Le général n'avait pas eu encore l'occasion de se rencontrer avec lui. Cette première entrevue eut lieu le 10 brumaire au soir, chez Lucien, dans sa maison de la rue Verte. Les dispositions furent, dès ce moment, arrêtées en principe ; pour Sieyès comme pour Bonaparte, il apparaissait que la solution ne pouvait plus être remise.

LŒTITIA RAMOLINO
Madame Mère

— Occupez-vous exclusivement de la translation des deux Conseils à Saint-Cloud, dit Bonaparte, et de l'établissement d'un gouvernement provisoire. J'approuve que ce gouvernement soit réduit à trois personnes, et, puisqu'on le juge nécessaire, je consens à être l'un des trois consuls, avec vous et votre collègue Roger-Ducos.

Le lendemain, on fixa au 18 l'exécution de ce mouvement. Il fut arrêté que le colonel Sébastiani, dont le dévouement n'était pas douteux, se rangerait en bataille, le matin du 18, près de la maison du général, sous prétexte d'une revue. Tous les généraux furent invités à se rendre de bonne heure, à cheval, rue de la Victoire.

Dans la nuit du 17 au 18, les commissions des inspecteurs des deux Conseils restèrent en permanence; celle des Anciens convoqua ses membres pour sept heures du matin.

A cette séance, le Conseil décréta que le Corps législatif serait transféré dans la commune de Saint-Cloud, et que les deux Conseils y siégeraient dans les deux ailes du palais; qu'ils y seraient rendus le lendemain, 19 brumaire, à midi; que le général Bonaparte serait chargé de l'exécution de ce décret et prendrait toutes les mesures nécessaires pour la sûreté de la représentation nationale; que le général commandant la 17e division militaire, la garde du Corps législatif, les gardes nationales sédentaires, les troupes de ligne, seraient mis immédiatement sous ses ordres et tenus de le reconnaître en qualité de commandant supérieur. Tous les citoyens devraient lui prêter main-forte à la première réquisition.

Le même jour, le *Moniteur* publia l'article suivant :
« On dit que les mesures du conseil des Anciens ont
« été motivées par la nécessité de prévenir et de déjouer
« les projets formés dans une réunion à l'hôtel de Salm,
« où s'étaient trouvés des personnages très-marquants,
« projets qui ne tendraient à rien moins qu'à réaliser le
« beau rêve nourri par les jacobins, depuis quelque
« temps, de convertir les deux Conseils en Convention
« nationale, d'en écarter les hommes qui déplaisent et de
« confier le gouvernement à un Comité de salut public, etc.
« On parle du rapport des lois sur l'emprunt forcé et les
« otages, de la clôture de la liste des émigrés, etc. Toutes
« les municipalités de Paris sont destituées; l'administra-
« tion en est confiée provisoirement aux commissions du
« Directoire près ces municipalités; elles communiquent
« d'heure en heure avec l'administration centrale. Du
« reste, Paris est fort tranquille; tout était achevé, que,
« dans plusieurs quartiers, on ne se doutait encore de
« rien. »

Le 19, dans la matinée, les deux Conseils étaient à

Saint-Cloud. Les séances s'ouvrirent à midi. Le conseil des Anciens siégeait au premier, dans la galerie peinte par Mignard, et les Cinq-Cents se réunirent dans l'Orangerie, au rez-de-chaussée.

Sieyès, Bonaparte et Roger-Ducos se tenaient dans la chambre des inspecteurs. La cour était pleine de troupes.

Le président Lucien se croyait sûr de faire approuver par la majorité des Cinq-Cents les propositions que devaient sans retard leur transmettre les Anciens; il ne prévoyait qu'une opposition de tribune, à laquelle il était préparé. Cependant les choses n'en allèrent pas aussi simplement; dès le début de la séance, l'orage ne fut pas long à éclater : « La Constitution ou la mort! — Les baïonnettes ne nous effrayent pas!... Point de dictature!... A bas les dictateurs!... » Un tonnerre d'applaudissements accueille la motion d'un député de renouveler tous, individuellement, le serment de fidélité à la Constitution.

« — Je demande, dit le député Grandmaison, qu'à
« l'instant tous les membres du Conseil soient tenus de
« renouveler leur serment à la constitution de l'an III; je
« demande que nous fassions le serment de nous opposer
« à toute espèce de tyrannie. Je demande en outre un
« message au conseil des Anciens, pour que nous soyons
« instruits du plan et des détails de cette vaste conspi-
« ration qui était à la veille de renverser la Répu-
« blique. »

Le serment fut prêté par chaque membre. Le message aux Anciens et une proclamation au peuple furent votés. Les communications attendues des Anciens n'arrivaient pas. La situation se compliqua encore par une lettre de Barras annonçant qu'il se retirait du gouvernement. Que signifiait cette démission qui détruisait la majorité directoriale ? « Avant d'accepter cette retraite, dit Grandmai-
« son, et de former des candidats à cette place vacante de
« directeur, il faut savoir si cette démission n'est pas
« l'effet des circonstances extraordinaires où nous nous
« trouvons. Je crois bien que, parmi les membres qui se
« trouvent ici, il en est qui savent d'où nous sommes
« partis et où nous allon . »

Ici nous devons laisser la parole à Lucien, qui fut non-seulement le témoin, mais encore l'acteur principal de ce drame de Brumaire. Nous nous ferions scrupule d'abréger ce récit émouvant.

« L'orateur », dit donc dans ses Mémoires le président des Cinq-Cents, « est interrompu tout à coup par un
« mouvement qui se manifeste vers la porte, et qui
« semble être le commentaire vivant de ses dernières
« paroles. Au lieu du message des Anciens tant désiré,
« des militaires paraissent à la porte de notre salle.
« Le général Bonaparte entre ; il est suivi de quatre
« grenadiers de notre garde ; d'autres soldats, des offi-

« ciers, des généraux, occupent l'entrée de l'Orangerie.
« L'Assemblée entière, indignée de ce spectacle, est
« debout. Une foule de membres s'écrient: « Des hommes
« armés ici!... » On se précipite au-devant du général, on
« le presse, on l'apostrophe, on le repousse quelques pas
« en arrière. Plusieurs bras lèvent des poignards et le
« menacent. Les grenadiers font à Bonaparte un rem-
« part de leur corps et l'entraînent hors de la salle. Les
« spectateurs s'étaient précipités dans les jardins par les
« fenêtres basses de l'Orangerie.

« Tout cela s'était passé en un clin d'œil. La conster-
« nation de nos amis, les cris de fureur de nos adversaires,
« la retraite précipitée des militaires, les cliquetis des
« armes, faisaient en ce moment ressembler l'Orangerie
« à un pêle-mêle de champ de bataille. Je m'efforçai de
« rappeler l'Assemblée à l'ordre; je pris la parole pour
« tâcher de justifier mon frère. J'annonçai qu'il venait
« sans doute rendre compte de quelque affaire pressante,
« et je demandai si l'on prétendait le condamner sans
« l'entendre. Rien ne put calmer la tempête.

« Comme notre position était changée! Depuis l'ouver-
« ture de la séance, je ne cherchais qu'à retarder la lutte
« jusqu'à la proposition formelle du conseil des Anciens,
« et nous avions réussi. C'était de là que l'action devait
« partir. Mais au lieu de cette démarche solennelle et
« convenue, le général, non mandé, se présente avec des

« militaires! Point de députation des Anciens; point de
« membres du Directoire avec lui! Il se présente et
« s'avance dans l'enceinte législative, au moment où les
« esprits étaient le plus exaltés et où Grandmaison dénon-
« çait un projet de dictature militaire! Il s'avance avec
« son entourage de soldats naturellement suspect à toute
« Assemblée civile! On ne pouvait payer de sa personne
« plus à contre-temps. Là, mon frère hasarda audacieu-
« sement la plus mauvaise manœuvre qu'il eût jamais
« faite. Sieyès le désapprouvait en dehors de la salle; et
« moi, je fus frappé de stupeur, quand de ma place
« j'aperçus, au bout de cette immense galerie, des
« panaches militaires. Cette manœuvre devait nous
« perdre. . . . .
. . . .
« La retraite de mon frère et notre trouble avaient tel-
« lement enivré les vainqueurs, qu'ils perdirent leur sang-
« froid, et nous rendirent en un moment l'avantage que
« nous avions perdu. Je fus prompt à le ressaisir.

« Au milieu de l'agitation générale qui s'irritait à
« chaque instant, et après diverses propositions émises
« et abandonnées, une voix retentissante s'écrie : *Hors la*
« *loi, Bonaparte et ses complices!* Cent voix répètent ce
« cri comme un signal. Le bureau est envahi. — *Marche,*
« *président,* me dit un collègue peu courtois; *mets aux*
« *voix le* « *hors la loi!* » L'horreur de ces interpellations

« me poussa, presque à mon insu, à descendre de l'estrade.
« Je laissai le fauteuil au vice-président Chazal, dont le
« coup d'œil sûr et le courage ne pouvaient être surpassés,
« et je m'élançai à la tribune. Je ne pus d'abord y arriver ;
« j'étais arrêté par une foule qui m'accablait de reproches
« et hurlait sur tous les tons : « *Hors la loi! Reprends ton*
« *fauteuil et ne nous fais pas perdre de temps! Aux voix*
« *le hors la loi du dictateur !* »

« Je me trouvais alors debout au pied de la tribune.
« En jetant les yeux autour de moi, j'aperçus le brave
« général Frégeville, l'un de nos inspecteurs, qui, calme
« au milieu du tumulte, cherchait à m'approcher ; il y
« parvint avec peine : — « Faites avertir le général, lui
« dis-je, que le président a été réduit à abandonner le fau-
« teuil et qu'il requiert la force armée pour protéger sa
« sortie. Avant dix minutes, il faut interrompre la séance,
« ou je ne réponds plus de rien. » — Frégeville s'éloigna,
« et je parvins à la tribune où je demeurai quelque temps
« en observation ; le tumulte continuait, et je n'étais pas
« pressé de parler. Nos amis, indignés des cris : *Hors la*
« *loi !* adressaient des reproches aux plus exaltés, et ils
« parvinrent à obtenir un peu de silence. » . . . .
. . . .

Les discours et les motions se succédaient ; on déclarait
que la Constitution avait été outragée, que le conseil des
Anciens, s'il avait le droit constitutionnel de transférer

le Conseil hors de Paris, n'avait pas celui de nommer un général, et que Bonaparte ne pouvait pénétrer dans la salle du Conseil sans y être mandé. « Vous ne pouvez
« voter plus longtemps dans une pareille position », disait le député Talot; « vous devez retourner à Paris; mar-
« chez-y revêtus de votre costume, et votre retour y sera
« protégé par les citoyens et les soldats. Je demande qu'à
« l'instant vous décrétiez que les troupes qui sont actuel-
« lement dans cette commune font partie de votre garde.
« Je demande que vous adressiez un message au conseil
« des Anciens pour l'inviter à rendre un décret qui nous
« ramène à Paris. »

    Lucien prit alors la parole; la démarche même irrégulière de Bonaparte pouvait-elle faire oublier si vite tant de hauts faits, tant de services rendus à la patrie! On ne pouvait voter une pareille mesure avant d'entendre le général... Mais des murmures l'interrompaient : « Le temps se passe; aux voix la proposition! » Des rumeurs venant de la cour alarmaient les députés; ils redoublèrent de violence pour empêcher l'orateur de continuer et pour voter contre le général.

    « Je pris alors le parti, continue Lucien, de me dépouil-
« ler de ma toge, et la déposant sur la tribune, je pus à
« peine m'écrier encore : « Il n'y a plus de liberté.
« N'ayant plus le moyen de me faire entendre, vous verrez

« au moins votre président, en signe de deuil public,
« déposer ici les marques de la magistrature populaire. »
« Ce mouvement de déposer ma toge sur le bord de la
« tribune, produisit plus d'effet que mon discours. Beau-
« coup de députés pensèrent que c'était un signal conve-
« nu. Nos amis, devenus plus actifs, m'environnent. Une
« foule de membres m'invitent à reprendre le fauteuil.
« On se lève de tous les bancs, dans une agitation difficile
« à caractériser, mais qui me parut plutôt un retour à de
« meilleurs sentiments. Je descends de la tribune, au
« pied de laquelle j'avais aperçu le général Frégeville à
« la tête d'un bon nombre de nos amis qui s'étaient
« réunis pour me défendre. Environné de ce groupe, je
« fais quelques pas et, au lieu de monter au fauteuil, je
« marche vers la porte. Le détachement que j'avais requis
« s'avançait vers moi. L'officier qui le commandait me dit :
« Citoyen président, nous voici par l'ordre du général. »
« Je lui réponds à haute voix : — « Nous vous suivons,
« ouvrez-nous le passage. » Et, en me retournant vers le
« vice-président, je lui fis signe de rompre la séance.
« Beaucoup de membres, outre le groupe qui m'entou-
« rait, se lèvent en s'écriant : « Suivons notre président ! »
« D'autres s'écrient : « Il n'y a plus de Conseil, la liberté
« a été violée ! » A peine hors de l'Orangerie, je me pré-
« cipite dans la cour, où mon frère, immobile et soucieux,
« était à cheval au milieu des troupes et des généraux :

« Un cheval pour moi, général ! un cheval, et un roule-
« ment de tambour ! En un clin d'œil, je me trouve sur
« le cheval d'un dragon. Le roulement avait été suivi
« d'un profond silence. J'adresse aux troupes ce discours :

« — Français, le président du conseil des Cinq-Cents
« vous déclare que l'immense majorité de ce Conseil est,
« en ce moment, sous la terreur de quelques représen-
« tants à stylets qui assiégent la tribune, menacent de
« mort leurs collègues et leur proposent les délibéra-
« tions les plus affreuses. Je vous déclare que ces auda-
« cieux brigands, inspirés sans doute par le génie fatal du
« gouvernement anglais, se sont mis en rébellion contre le
« conseil des Anciens, en demandant la *mise hors la loi*
« du général chargé d'exécuter le décret de ce Conseil,
« comme si nous étions encore à ces temps affreux de leur
« règne où ce mot *hors la loi* suffisait pour faire tomber
« les têtes les plus chères à la patrie. Au nom de ce
« peuple qui, depuis tant d'années, est la victime ou le
« jouet de ces misérables enfants de la Terreur, je confie
« aux guerriers le soin de délivrer la majorité des re-
« présentants du peuple, afin que, protégés par les
« baïonnettes contre les stylets, nous puissions délibérer
« en paix sur les intérêts de la République ! »

. . . .

« Des acclamations bruyantes m'avaient interrompu à
« chaque phrase. Le général donna sur-le-champ l'ordre

« de dissoudre l'Assemblée. Un détachement de la garde
« législative s'avança, et en quelques minutes la salle était
« vide. Une partie des députés m'avaient suivi. Les
« autres se retirèrent après une sommation réitérée et se
« dispersèrent dans les jardins et dans le village de
« Saint-Cloud. »

Au conseil des Anciens, on avait voté la formation en comité général. A sept heures, la séance devint secrète. Sieyès et Bonaparte engagèrent Lucien à s'y présenter, afin de rendre compte de ce qui s'était passé aux Cinq-Cents et de hâter la décision des Anciens. Il s'était manifesté dans ce Conseil une opposition inattendue; une hésitation pouvait devenir fatale. Lucien, admis immédiatement, traça avec sincérité le tableau de la triste séance des Cinq-Cents, et, à la fin de sa harangue, attaqua sans ménagement ceux qui hurlaient pour demander la mise hors la loi du général et de ses partisans.

« Ont-ils le privilége du « hors la loi » ? s'écria-t-il; qui
« le leur a donné ? Certes, ce n'est pas le peuple ! Pendant
« la tourmente d'horrible mémoire qui, en 93, couvrit
« la France de deuil et frappa d'horreur le monde entier,
« l'atroce jurisprudence du *hors la loi* ne fut pas incon-
« nue sans doute; mais en 93, vit-on jamais, je ne dis
« pas des Français, mais des hommes vouloir forcer un

« frère à prononcer la mort de son frère ?... Eh bien !
« représentants du peuple, c'est ce que vient de voir
« l'Orangerie de Saint-Cloud. Auprès de ce spectacle,
« l'image de la Convention recule effarée. Les imitateurs
« ont surpassé le modèle ! » . . . .
. . . .
. . .

« Les témoignages d'une adhésion unanime avaient
« souvent accueilli ces paroles ; ma sortie de la salle fut
« immédiatement suivie d'un décret pour l'ajournement
« des deux Conseils au 1er nivôse, et pour la nomination
« d'une Commission exécutive provisoire et d'une Com-
« mission législative.

« En sortant de la séance des Anciens, j'étais retourné
« dans la salle des inspecteurs, où se trouvaient Bona-
« parte et les deux ex-directeurs. — « Le citoyen Sieyès
« avait raison, me dit le général ; quels fous furieux !
« J'avoue qu'il fallait mieux les consigner [1]. » Encore
« tout ému des dangers imprévus que nous venions de
« courir, je répondis, de premier mouvement : — « Il

---

[1] C'est dans l'entrevue entre Bonaparte et Sieyès, que furent arrêtées les mesures d'exécution ; Sieyès avait demandé qu'il fût donné aux sentinelles, à Saint-Cloud, la consigne de repousser une vingtaine de députés auxquels il n'aurait pas été adressé de lettres de convocation. Mais le général s'était formellement opposé à cette exclusion.

« valait mieux encore ne pas aller aux Conseils. »
« — Oh! oh! dit alors mon frère, en s'adressant à
« Sieyès, le citoyen président nous gronde, et il n'a peut-
« être pas tort : chacun son métier. »
« Il acheva cette réponse en me félicitant sur mon
« succès au conseil des Anciens.
« Je quittai les trois futurs consuls et je rentrai dans
« l'Orangerie, d'où j'expédiai de nombreux messages
« pour y réunir nos collègues. Il était nuit. En moins
« d'une heure, tout fut remis en ordre, et vers neuf heures
« la séance de nuit du 19 brumaire commença. »

Lucien reprit le fauteuil et prononça un discours chaleureusement applaudi, dont la péroraison fut la demande de formation d'une Commission spéciale de neuf membres chargés de proposer les moyens d'améliorer la situation de la République.

Cette Commission fut aussitôt nommée, et, séance tenante, se retira pour remplir son mandat. Une heure après, le rapporteur de la Commission, Boulay (de la Meurthe), faisait son rapport, et le projet dont suivent les dispositions principales était soumis à la délibération de l'Assemblée :

« Le conseil des Cinq-Cents, considérant la situation
« de la République, déclare l'urgence et prend la réso-
« lution suivante :

« Art. 1ᵉʳ. Il n'y a plus de Directoire. Ne sont plus membres de la représentation nationale, pour les excès et attentats auxquels se sont constamment portés le plus grand nombre d'entre eux, notamment dans la séance de ce matin, les individus ci-après nommés (suivent soixante-deux noms).

« Art. 2. Le Corps législatif crée provisoirement une Commission consulaire exécutive, composée des citoyens Sieyès, Roger-Ducos et Bonaparte, général; ils porteront le nom de *Consuls de la République française*.

« Art. 3. — Cette Commission est investie de la plénitude du pouvoir directorial, et spécialement chargée d'organiser l'ordre dans toutes les parties de l'administration, de rétablir la tranquillité intérieure et de procurer une paix honorable et solide.

. . . .

« Art. 5. — Le Corps législatif s'ajourne au 1ᵉʳ ventôse prochain; il se réunira de plein droit, à cette époque, dans son palais. »

Les articles suivants disposaient que chaque Conseil, avant de se séparer, nommerait une Commission de vingt-cinq membres chargée de statuer, — avec la proposition formelle et nécessaire de la Commission consulaire exécutive, — sur tous les objets urgents de police, de législation et de finances, et de préparer les changements à apporter aux dispositions organiques dont l'expérience fait sentir les vices et les inconvénients, lesdits changements ne pouvant avoir pour but que de consolider, garantir et consacrer inviolablement la souveraineté du peuple français, la République une et indivisible, la liberté, l'égalité, la sûreté et la propriété. La Commission des Cinq-Cents exercera l'initiative ; la Commission des Anciens l'approbation. Les deux Commissions étaient, en outre, chargées de préparer un Code civil.

Ces résolutions furent unanimement adoptées après les discours de quelques orateurs.

« A minuit, dit Lucien, je dus suspendre la séance, en
« attendant la décision des Anciens.

« A une heure, un message des Anciens nous annonce
« l'adoption de notre projet.

« Sur la motion du général Frégeville, on arrête que
« les trois consuls seront appelés dans le sein des Con-
« seils, pour y prêter serment. On procède, en les atten-
« dant, au scrutin des vingt-cinq députés qui doivent
« composer la Commission législative.

« A deux heures, le tambour battant aux champs
« annonce l'arrivée des trois consuls. Ils se placent
« debout en face du bureau.

« Je me lève, et après avoir donné lecture de la loi
« qui leur délègue provisoirement le pouvoir exécutif, je
« me découvre et leur adresse ces mots :

« Citoyens consuls, le plus grand peuple de la terre
« vous confie ses destinées; dans trois mois l'opinion vous
« attend!... Le bonheur de trente millions d'hommes,
« la tranquillité intérieure, le soin des armées, la paix,
« tel est le mandat qui vous est donné. Il faut sans doute
« du courage et du dévouement pour se charger d'aussi
« importantes fonctions; mais la confiance du peuple
« vous environne, et le Corps législatif sait que vos âmes
« sont tout entières à la patrie.

« Citoyens consuls, nous venons, avant de nous ajour-
« ner, de prêter le serment que vous allez répéter devant
« nous, ce serment sacré de fidélité inviolable à la souve-
« raineté du peuple, à la République française une et
« indivisible, à la légalité, à la liberté et au système
« représentatif. »

« Le silence le plus profond régnait dans la salle : les
« consuls Sieyès, Bonaparte et Roger-Ducos répètent,
« l'un après l'autre, la formule que je viens de pro-
« noncer. Je leur en donne acte par ces mots : « Citoyens
« consuls, nous recevons votre serment. »

« Les consuls se retirent au milieu des cris de : *Vive
« la République!* et je clos par un discours la séance du
« 19 brumaire.

[illegible page]

Le Prince Charles Bonaparte

« Vers la fin de la nuit, nous entrâmes dans Paris.
« Sieyès et moi, ainsi que le général Gardanne, nous
« étions dans le carrosse de Bonaparte. Roger-Ducos
« nous avait précédés. Paris était illuminé; la nouvelle
« de la défaite des jacobins avait été reçue avec des
« transports de joie par toutes les classes, non-seule-
« ment dans la ville, mais dans les faubourgs. En nous
« séparant, Bonaparte nous dit : — « A demain; nous
« avons détruit; il nous faut maintenant reconstruire,
« et reconstruire solidement. »

« Le lendemain, les trois consuls s'établirent au
« Luxembourg. Les directeurs Gohier et Moulins l'avaient
« quitté la veille, et Barras était à sa terre de Grosbois. »

Voici un passage des *Mémoires secrets sur Lucien,*
où est fixé exactement et définitivement le rôle de tout
premier plan qu'il joua dans ces mémorables événements :

« Le véritable auteur du 18 brumaire, c'était Lucien;
« nul doute qu'il n'eût empêché que les démagogues du
« conseil des Cinq-Cents ne profitassent du trouble de
« Napoléon pour mettre celui-ci hors la loi et le poi-
« gnarder dans l'enceinte même où il était venu leur
« ordonner de se séparer.

« Lucien, environné de clameurs et de menaces, avait
« refusé, comme président, de mettre aux voix le décret

« qui proscrivait son frère, et qui, du moment qu'il
« aurait été adopté, changeait entièrement les disposi-
« tions des troupes qu'on avait rassemblées pour dis-
« soudre le Conseil. Cinq grenadiers, entre les bras des-
« quels Bonaparte était tombé évanoui, eussent été une
« faible barrière contre des hommes furieux, et si Lucien
« n'eût pas courageusement résisté à ceux qui se pres-
« saient autour de lui pour l'arracher du fauteuil, tout ce
« complot échouait et tournait contre ses auteurs. »

CHAPITRE III

MINISTÈRE DE L'INTÉRIEUR. — AMBASSADE D'ESPAGNE.

Le 15 décembre 1799 (24 frimaire an VIII) fut promulguée la nouvelle constitution, dite de l'an VIII, qui instituait un Sénat, un Corps législatif, le Conseil d'État et le Tribunat, et mettait le pouvoir exécutif entre les mains de trois consuls. Bonaparte, premier consul, était assisté de Cambacérès et de Lebrun, deuxième et troisième consul.

Quelques jours après, Lucien était appelé au ministère de l'intérieur. Il succédait au savant Laplace, titulaire de ce portefeuille dans l'organisation provisoire qui suivit le coup d'État de brumaire.

Le nouveau ministre avait alors vingt-quatre ans et demi. Les services qu'il avait rendus à son frère engageaient la reconnaissance du premier Consul; son intelligence, sa décision, son aptitude aux affaires le désignaient à son choix comme le plus précieux des collaborateurs. Bonaparte appréciait fort sa précoce raison et suivait ses avis; il lui accorda une part d'influence prépondérante dans le pouvoir.

Dès son entrée au ministère, Lucien entreprit avec ardeur de reconstituer l'ordre dans les services désorganisés par tant de chocs, de troubles et d'instabilité; il rétablit et renforça la concentration administrative. Il remit tout en place, et le fit avec une activité et une vigueur qui, naturellement, ne laissaient pas de froisser des habitudes et des intérêts, et d'inquiéter des ambitions. Il fut, dès lors, en butte à certaines intrigues d'une coterie dont Talleyrand était l'âme. Ces manœuvres contribuèrent, par les calomnies répandues, à faire naître entre le premier consul et Lucien ce désaccord qui devait se terminer par une rupture éclatante.

Le ministre de l'intérieur ne se signalait pas seulement par l'impulsion nouvelle et féconde qu'il imprimait aux affaires de son département, mais aussi par la protection qu'il accordait aux lettres. Ce ministère comprenait alors l'instruction publique, les lettres et les arts. Ses réceptions étaient en grande faveur parmi l'élite des poëtes et des écrivains. Sa sœur Élisa (madame Bacciocchi), esprit élevé et très-ouvert à toutes les spéculations intellectuelles, faisait les honneurs de ses salons, que fréquentèrent bientôt les littérateurs en renom de l'époque. C'étaient Fontanes, l'auteur du *Poëme des vergers,* qui devint plus tard président du Corps législatif et grand maître de l'Université; Arnault, poëte tragique, l'auteur d'un *Marius à Minturnes;* La Harpe, l'auteur du poëme de la *Religion;* Chateaubriand, qui rentrait de l'émigration et occupait l'attention par la publication récente de son *Atala;* Erminard, Duquesnoy, Rœderer, Boufflers lui-même, rentré, lui aussi, en France, après le 18 brumaire, le galant chevalier de Boufflers, le chantre de la reine de Golconde, qui, vieilli, avait abandonné la muse gaillarde de sa jeunesse pour se jeter dans la métaphysique. Lucien lui-même payait un tribut aux muses et lisait en petit comité une *Césaride,* poëme qu'il avait écrit quand il était retenu dans les prisons d'Aix.

De graves événements se préparaient. Malgré les efforts du nouveau chef que s'était donné le pays pour rassurer les puissances étrangères, fermer l'ère des haines internationales et ramener la paix, la coalition ne désarmait pas. Il fallait de nouveau s'en remettre au sort des armes, et le général se préparait à se rendre aux armées et à mener cette immortelle campagne de 1800 que devait couronner la bataille de Marengo.

Bonaparte partit de Paris le 6 mai.

Huit jours plus tard, le 14, la jeune femme de Lucien

mourait, lui laissant deux petites filles, l'une de cinq, l'autre de deux ans. Ainsi que nous l'avons dit dans un chapitre précédent, cette perte cruelle causa un profond désespoir à Lucien; pendant quelques jours il se retira à Plessis-Chamant pour y donner libre cours à sa douleur.

Moins de deux mois après son départ de Paris, dans la nuit du 2 au 3 juillet, Bonaparte rentrait, de nouveau victorieux.

Les intrigues d'Auteuil (on les appelait ainsi, parce que Talleyrand, qui les conduisait, habitait cette banlieue), les intrigues avaient produit leur effet.

Dès les premières entrevues qui suivirent son retour, le premier Consul montra de l'irritation contre son frère. Quatre mois se passèrent encore pendant lesquels les rapports se tendirent davantage; de vives discussions s'élevaient entre eux.

Un jour où Bonaparte lui faisait des reproches sur un ton blessant, Lucien lui dit :

— Jupiter, tu te fâches, donc tu as tort!

Mis hors de lui, le général l'appelle mauvaise tête. Sur une nouvelle réplique, il veut le faire arrêter. « Alors, « raconte Lucien, la patience m'échappe et, d'encore en « encore, mon portefeuille vole sur la table du premier « Consul. »

A la suite de ce pénible incident, Lucien donna sa démission. Son frère Joseph et Talleyrand intervinrent, et l'ambassade d'Espagne lui fut offerte en échange du ministère.

Le 17 novembre, il partit pour Madrid. Il arriva à l'Escurial le 2 décembre.

Sa mission était de poursuivre les négociations, déjà entamées par ses prédécesseurs, ayant pour but de s'assurer la coopération de la flotte espagnole pour le ravitaillement de l'armée d'Égypte, de proposer une royauté en Italie au prince héritier de Parme, qui avait épousé l'infante Marie-Louise, de pousser l'Espagne à une rupture avec le Portugal, de l'unir enfin dans des intérêts et des efforts communs contre l'Angleterre, et de poursuivre le grand projet du comité de salut public, de chasser les Anglais de la Méditerranée et de faire de ce vaste bassin le centre du mouvement économique et commercial des races latines. Il devait aussi s'efforcer d'obtenir la rétrocession d'une colonie : Saint-Domingue ou la Louisiane.

Malheureusement, la mort de Kléber, les fautes de son successeur, un concours fatal d'événements qui compromirent la situation de l'armée d'Égypte et aboutirent à l'évacuation, paralysèrent l'action diplomatique de Lucien, tout au moins dans la partie de sa mission relative aux secours à envoyer à cette armée.

Mais il eut un complet succès dans ses négociations pour le royaume à offrir à un membre de la famille royale d'Espagne.

Le grand-duc de Toscane ayant renoncé, pour lui et ses successeurs, au grand-duché, la Toscane fut érigée en royaume d'Étrurie, que l'on donna en toute souveraineté et propriété à l'infant duc de Parme.

Lucien, dès son arrivée à la cour d'Espagne, avait su gagner l'affection du Roi et de la Reine; il jouissait auprès d'eux de faveurs toutes spéciales; le prince de la Paix, le favori tout-puissant, et toute la cour lui témoignaient la plus haute considération.

« Ici, je suis comblé de faveurs, écrivait-il; j'ai rompu
« la barrière de l'étiquette, je suis reçu quand il me plaît,
« et en particulier, je parle affaires avec le Roi et la Reine.
« Le prince de la Paix s'en réjouit. »

La rétrocession de la Louisiane à la France fut obtenue par Lucien et arrêtée le 9 octobre.

Un traité de paix avec le Portugal, après une entrée en campagne de l'armée espagnole soutenue par une réserve française, selon les desseins du premier Consul, avait été signé à Badajoz. A l'occasion de ce traité, Bonaparte querella son frère, trouvant insuffisantes ses exigences. Cependant il finit par le ratifier, et le traité fut définitivement signé le 18 septembre. Mais Lucien, blessé, donna sa démission, qui fut refusée ; il insista, et, après beaucoup d'atermoiements, reçut ses lettres de créance et quitta Madrid le 10 décembre.

De magnifiques cadeaux lui furent faits en témoignage de reconnaissance et d'affection par la famille royale. A ce sujet, il écrivait à son frère :

« Pour le traité de Toscane, j'ai reçu vingt beaux ta-
« bleaux de la galerie du Retiro, pour ma galerie, et l'on
« fait monter cent mille écus de diamants pour moi. J'en
« recevrai autant pour la paix du Portugal. Sans doute,
« si l'argent était ma passion, je serais déjà millionnaire,
« car j'ai fait la conquête de toute la famille, et un mot
« équivoque suffirait pour que je fusse accablé de trésors.
« Il me suffit de vous dire que je n'ose pas regarder avec
« quelque attention une chose qui me plaît, dans la peur
« qu'elle me soit aussitôt offerte. Je vais vous en citer un
« exemple. La Reine portait, il y a quelques jours, pour
« la première fois, je crois, une superbe montre enrichie
« de diamants. Je ne pus faire autre chose que ce que fai-
« sait tout le monde, l'admirer. C'en fut assez, et la Reine
« me força de l'accepter de sa main, et la plaça elle-même
« dans ma poche. Le Roi et la Reine m'ont proposé tous
« les Ordres d'Espagne, celui de la Toison d'or et
« 100,000 francs de pension. J'ai répondu comme vous
« le pensez bien ; alors Leurs Majestés m'ont dit que tout
« cela m'était donné *in pectore,* et que, dès que les cir-

« constances me permettraient de les accepter, ces grâces
« m'appartiendraient. Je vous avoue que ma faveur
« politique et individuelle me pèse, surtout parce que
« vous-même semblez ne pas me rendre justice. Alors
« rappelez-moi bien vite; j'ai déjà trop tardé à vous
« exprimer ce désir. D'un autre côté, je suis malade.
« J'attends impatiemment votre réponse et mon succes-
« seur. A Paris, je me reposerai et serai à vos ordres
« après. »

Et dans ses Mémoires, il ajoute :

« Les moins apparents et les plus solides des cadeaux
« sont plusieurs petits sacs de diamants. Je n'en ai
« connu la valeur précise qu'en traitant de leur vente à
« Amsterdam.

« Telle est l'origine de ma fortune indépendante, à
« laquelle, comme on le voit, le premier Consul ne fut
« pas étranger, à laquelle aussi, comme Empereur, il
« eût volontiers, depuis, ajouté le don d'une couronne, si
« j'avais pu accepter les conditions qu'il y mit. »

Le prince Pierre-Napoléon Bonaparte, dans ses *Souvenirs*, donne un détail intéressant et amusant sur ces largesses royales :

« L'audience de congé s'était accomplie sans incident.
« Sapey, le premier secrétaire, avait reçu une magnifique

« tabatière, toute garnie de gros diamants ; Lucien, ren-
« tré à l'ambassade, se demandait ce qu'il aurait pour
« sa part, ou si on l'avait oublié.

« On annonça, cependant, qu'on venait d'apporter,
« pour l'ambassadeur, le portrait en pied du Roi. Malgré
« ses sentiments de gratitude et de sincère attachement
« pour ce bon prince, Lucien s'étonnait que ce fût là
« tout le cadeau. Il s'en exprimait avec Sapey, lorsque
« celui-ci eut l'idée d'aller voir le portrait, déposé dans
« une pièce voisine. Le cadre, magnifiquement doré, était
« entouré d'un bourrelet en papier de soie. Sapey en défit
« un bout, et que trouva-t-il ? Des diamants bruts en
« quantité innombrable. Il y en avait pour cinq millions
« de francs ! Et voilà l'origine de la fortune pécuniaire
« de Lucien ; un grand service international royalement
« récompensé.

« Parti en chaise de poste avec ses diamants empaque-
« tés dans des petits sacs de toile, Lucien reprit le
« chemin de la frontière, entouré d'une escorte de cava-
« lerie commandée par un officier, et qui était relevée à
« chaque relais par des détachements échelonnés d'avance
« sur la route. »

Lucien, à sa rentrée à Paris, fut sollicité par le premier Consul d'entrer au Tribunat ; il avait besoin de lui
pour être le rapporteur du projet de loi sur la création

de la Légion d'honneur, qu'il préparait alors. Quoiqu'il eût exprimé le désir d'entrer au Conseil d'État, il céda sans difficulté au désir de son frère.

C'est dans cette session que le jour de Pâques, le 18 avril 1802, le Concordat fut publié avec grand apparat dans Paris, et un *Te Deum* solennel annonça la réconciliation de l'Église et de l'État.

Le projet de loi sur la Légion d'honneur rencontra une assez vive opposition; il venait trop tôt peut-être et froissait le sentiment d'égalité dont étaient profondément imprégnés les législateurs de cette époque; il semblait un retour aux usages monarchiques. Défendu par Lucien avec un grand talent et une chaleur entraînante, il fut néanmoins adopté, à une faible majorité, il est vrai.

Peu de temps après, en juillet 1803, Lucien devenait sénateur et grand officier de cet Ordre, qu'il avait contribué à fonder. Le premier Consul lui fit don en même temps de la Sénatorerie de Popelsdorf, ancienne propriété des électeurs de Trèves, située près de Bonn, et qui rapportait au titulaire trente mille livres de rente.

CHAPITRE IV

LES CONFLITS. — LA CESSION DE LA LOUISIANE. — SECOND MARIAGE DE LUCIEN.

« La rétrocession de la Louisiane à la France, lisons-
« nous dans les Mémoires de Lucien, avait été la plus
« épineuse de mes négociations, par la nature des obsta-
« cles qu'on m'y avait opposés. Le principal était l'atta-
« chement du bon roi Charles IV pour cette belle et
« bonne colonie. Je tenais à glorieux profit de les sur-
« monter, par la double raison que le premier Consul
« m'en avait fait une condition *sine quâ non* de la ratifi-
« cation de mon traité et que je désirais attacher mon
« nom à cette reprise de possession, surtout dans l'inté-
« rêt de cette République consulaire que, soit dit en
« passant, je m'enorgueillissais d'avoir contribué à éta-
« blir et dont je ne me suis jamais consolé d'avoir vu si
« vite la fâcheuse évaporation et surtout la transforma-

« tion en Empire purement et simplement despotique. »

Cependant, malgré l'importance qu'avait attachée le premier Consul à rentrer en possession de cette colonie, il vint un jour où il jugea de bonne et indispensable politique de s'en séparer en la vendant aux États-Unis. Nul projet ne pouvait émouvoir plus douloureusement Lucien ; ce joyau reconquis, c'était grâce à ses efforts, à son intelligence diplomatique, à sa ténacité qu'il avait repris sa place dans l'écrin des colonies françaises ; la Louisiane, c'était son œuvre ; il y avait dans son attachement pour elle quelque chose de la tendresse du père pour l'enfant qu'il a procréé. Aussi fut-ce avec un véritable sentiment de révolte qu'il s'éleva contre une pareille résolution, non-seulement au point de vue patriotique, mais même au point de vue constitutionnel, car le premier Consul annonçait sa décision formelle de ne pas même soumettre son projet au vote du Corps législatif et d'en agir à sa guise, sans s'inquiéter d'aucune opposition, d'où qu'elle vînt. Il s'ensuivit une scène d'une violence inouïe dont Lucien nous a laissé un récit que nous allons résumer.

« Le premier argument de Bonaparte était qu'il valait
« mieux vendre à temps une chose que l'on était à peu
« près certain de ne pas pouvoir conserver, « car les
« Anglais, disait-il, qui nous ont vus rendre cette colonie
« avec un très-grand déplaisir, n'attendent que l'occasion

« de la reprendre, et ce serait leur premier coup de
« main ». La suprématie des flottes de l'Angleterre lui
« était trop connue pour lui laisser aucun espoir de suc-
« cès dans les luttes maritimes.

« — Je me flatte, dit Lucien, que les Chambres n'y
« donner ont pas leur assentiment !

« — Je m'en passerai ! répondit le premier Consul ; et
« puis, messieurs (Joseph, l'aîné des frères, assistait à
« l'entretien et se montrait également hostile au projet),
« pensez-en ce que vous voudrez, mais faites tous les
« deux votre deuil de cette affaire, parce que je me passe-
« rai de l'assentiment de qui que ce soit, entendez-vous ?

« — Et bien ferez, mon cher frère, répliqua Joseph, de
« ne pas exposer votre projet à la discussion parlemen-
« taire, car je vous déclare que moi, le premier, je me
« place, s'il le faut, en tête de l'opposition qui ne peut
« manquer de vous être faite.

« Joseph parti, sur une explosion de colère de Bona-
« parte, la discussion continua avec Lucien.

« — Convenez, argumentait celui-ci, que vouloir alié-
« ner quelque annexe que ce soit de la République, sans
« le consentement des Chambres, est un projet inconsti-
« tutionnel...

« — Allez vous promener !... Constitution, constitu-
« tionnel, République, souveraineté nationale, grands
« mots, grandes phrases ! Soyez bien persuadés, vous et

« M. Joseph, que je n'en ferai qu'à ma guise et que je
« me moque de vous et de votre représentation nationale.

« — Moi, je ne me moque pas de vous, citoyen consul,
« mais je sais bien ce que j'en pense.

« — Parbleu! je suis curieux de le savoir! Dites donc
« vite!

« — Je pense, citoyen consul, qu'ayant reçu votre
« serment à la constitution du 18 brumaire, entre mes
« propres mains, comme président du conseil des Cinq-
« Cents, et vous voyant la mépriser ainsi, si je n'étais pas
« votre frère, je serais votre ennemi!

— « Mon ennemi!... Ah! pour le coup, je vous le con-
« seillerais! Mon ennemi! C'est un peu fort!... Mon
« ennemi, toi! je te briserais, vois-tu, comme cette boîte!

« En disant cela, — c'était sa tabatière qu'il tenait,
« sur laquelle était le portrait de Joséphine, peint par
« Isabey, — il la lança violemment sur le plancher, où
« elle ne se brisa pas, à cause du tapis; mais le portrait
« se détacha du couvercle. Je me hâtai de le ramasser,
« et la lui présentant d'un air que je m'efforçai de rendre
« respectueux :

« — C'est dommage! c'est le portrait de votre femme
« que vous avez brisé, en attendant que vous brisiez mon
« original.

« Bonaparte ramassa péniblement les débris de sa
« tabatière, et je pus voir qu'au lieu de s'occuper de moi

…et à la constitution du 18 brumaire, entre mes
… … comme président du conseil des Cinq-
… … mépriser ainsi, si je n'étais pas
… … ennemi!

Mon e… … sous le con-
…s! Mon ennemi, c'… un peu fort!… Mon
ami, oui! je te briserais, vois-tu, comme cette boîte!
… disant ce… … …

… …

… … … où
se brisa pas, … … … mais le portrait
… du couvercle. Je me hâtai de le ramasser,
… … … que je m'efforçai de rendre
u…

… c'est le portrait de votre …

Justice Louis Lucien Bonaparte

« d'une manière agressive, il tâchait de faire rentrer la
« miniature dans son couvercle. »

Malgré tout, comme il l'avait résolu, la Louisiane fut vendue. Le 30 avril 1803, on signa le traité, et notre colonie passa aux mains des États-Unis, moyennant le prix de quatre-vingts millions.

Bientôt une autre difficulté, plus grave encore, surgit entre les deux frères : celle-ci décida la rupture définitive qui éloigna de France Lucien et le retint dans un exil volontaire pendant toute la période triomphante de l'Empire.

Nous avons dit que le traité du 21 mars 1801, négocié par Lucien, avait fondé le royaume d'Étrurie et proclamé roi de ce nouvel État, Louis Ier, infant de Parme, mari de la troisième fille de Charles IV d'Espagne, Marie-Louise. Le jeune Roi mourut deux ans après, et le premier Consul songea à faire épouser sa veuve à Lucien.

Comptant sur un facile acquiescement de son frère à son projet, il avait fait pressentir la jeune Reine, qui avait accueilli avec faveur cette proposition, et, par son ordre, des négociations venaient d'être entamées à ce sujet par Talleyrand. Le premier Consul commençait déjà à vouloir établir cette discipline de famille qui devait se plier sans résistance à sa volonté souveraine, et toute opposition à son omnipotence l'exaspérait. Lucien, plein d'admiration pour son génie et de déférence pour son autorité établie par tant de hauts faits, prêt à tous les dévouements pour le servir, — il l'avait surabondamment prouvé, — Lucien était néanmoins peu disposé à sacrifier toute indépendance et toute dignité au despotisme fraternel, et à permettre que l'on disposât de lui, de sa vie intime, de ses sentiments les plus chers et les plus sacrés, selon les besoins de la politique ou le caprice d'un maître.

Aussi ne fut-ce pas sans étonnement et sans un froissement peu dissimulé qu'il apprit, de la bouche même du premier Consul, que ce frère, ce maître, avait *résolu* de le marier, et que la femme qu'il lui avait choisie était la reine d'Étrurie, une Bourbon!... Il répondit que pour le marier il faudrait bien que lui, Lucien, le permît un peu; qu'il était assez grand pour se choisir une femme lui-même, et qu'il n'épouserait jamais qu'une personne qu'il aimerait. Toutes les objections, tous les raisonnements, les colères, les objurgations, tout se brisa contre l'inflexible volonté de Lucien de ne pas se laisser imposer une femme, allât-on la prendre sur un trône! Bonaparte en conçut la plus vive irritation; il lui dépêcha son frère Joseph, des amis, Cambacérès lui-même; aucun ne réussit à modifier la résolution de Lucien.

Il y avait, du reste, une raison majeure pour cela, raison que, pour des motifs que nous expliquerons,

Lucien ne pouvait faire connaître à son frère. Et cette raison, qui dispensait de toutes les autres, était qu'il avait, peu de temps auparavant, contracté un mariage secret avec une jeune veuve dont la beauté faisait sensation dans les salons de Paris. Et non-seulement il était marié, mais encore il aimait profondément, ardemment sa femme.

Elle se nommait Marie-Laurence-Charlotte-Louise-Alexandrine de Bleschamp, d'une famille noble et royaliste de Saint-Malo. Un frère de son père était cet héroïque capitaine de Bleschamp, aide de camp de Poniatowski à Leipzig, qui arracha une première fois à une mort certaine son général, alors que voulant traverser la Pleiss à la nage, le courant emporta son cheval et le désarçonna; Poniatowski avait encore l'Elster à traverser; blessé de trois balles, il tombe de sa monture, et le fleuve l'engloutit; Bleschamp se précipite à son secours, l'atteint, le saisit, mais les forces l'abandonnent, et tous deux disparaissent.

Les de Bleschamp comptaient dans leur famille : Surcouf, le glorieux marin, le général de cavalerie Lacour, tué à Wagram, et dont le nom est inscrit sur l'arc de triomphe de l'Étoile; ils étaient alliés aussi aux Montmorency, à Lamartine.

Mademoiselle Alexandrine de Bleschamp avait épousé, à l'âge de dix-neuf ans, un gentilhomme nantais, M. Jouberthon de Vauberty, qui mourut à Saint-Domingue laissant deux enfants, un garçon mort en bas âge, et une fille.

Au moment où le premier Consul disposait à son gré du cœur et de la main de son frère, le mariage de Lucien, nous venons de le dire, était encore un secret, et l'Église seul l'avait consacré.

« Nous n'attendions, pour célébrer et déclarer notre
« mariage civil, disent les Mémoires, que des documents
« officiels et légalisés, constatant le décès de M. Jouber-
« thon à Saint-Domingue. Les subrogés tuteurs des
« enfants avaient négligé de les envoyer en règle. Le curé,
« à la fois maire de Plessis-Chamant, à qui nous nous
« étions adressés pour plus de secret, n'avait pu, sans ces
« papiers, nous marier à la petite municipalité. C'était
« un homme qui m'était très-dévoué. Il avait préféré ne
« pas nous donner lui-même la bénédiction nuptiale, qui
« eût pu, aux termes de la loi civile, le compromettre
« comme maire, quand nous serions en mesure qu'il
« nous mariât à la mairie. Le brave homme avait com-
« pris que mon mariage ne plaisait pas à tout le monde,
« puisqu'on voulait le faire clandestinement. En remet-
« tant ses pouvoirs de curé à un vénérable abbé du nom
« de Perrier, il nous avait dit d'être bien tranquilles, qu'il
« connaissait sa besogne, et que lorsque nous serions prêts

« pour le mariage civil, il serait prêt aussi à le célébrer. »
Les pièces arrivèrent, et le mariage fut régularisé.

Lucien se décida alors à avouer sa situation au premier Consul. Il lui écrivit. Il y avait concert à la Malmaison ; Bonaparte y assistait; Duroc lui apporta la lettre. Quand il en eut pris connaissance, il bondit de colère, arrêta le concert, cria à la trahison sans que personne pût se douter de la cause de cette explosion de rage. Immédiatement, il dépêcha Murat à son frère pour lui dire qu'il ne reconnaissait pas son mariage, qu'il prouverait que ce mariage était nul, etc., etc. Lucien lui fit répondre que s'il ne reconnaissait point son mariage, il se passerait de sa reconnaissance, et que si, par hasard, il cherchait et trouvait quelque cas de nullité, par oubli de formalité, il s'empresserait de se remarier sans qu'il manquât rien à la cérémonie. Cambacérès vint le lendemain chapitrer, exhorter, proposer des solutions et des compensations, plaider les causes de nullité; mais tous ses sophismes et sa cauteleuse éloquence échouèrent contre l'imperturbable décision de Lucien, dont le mariage, du reste, était maintenant inattaquable, car le premier Consul eût-il obtenu une loi lui donnant le pouvoir de prononcer la nullité de tout mariage dans sa famille qui n'aurait pas son approbation, cette loi, dans tous les cas, n'eût pu avoir d'effet rétroactif.

A partir de ce moment, le ressentiment du premier Consul se manifesta à toute occasion.

« L'impossibilité, désormais avérée, de son projet de
« me marier à la reine d'Étrurie le rendit sombre et
« menaçant à mon égard. Des récriminations réciproques,
« grossies par de détestables intermédiaires, tendirent tel-
« lement la situation, que je pus concevoir des craintes
« pour ma femme et pour moi. La cession de la Louisiane,
« la mort de l'infortuné duc d'Enghien comblèrent la
« mesure, et, — l'aurais-je cru, le lendemain de Bru-
« maire ? — la perspective de l'exil s'ouvrit devant
« moi. »

CHAPITRE V

L'EXIL. — EN ITALIE. — MANTOUE.

C'était l'exil, en effet. Une lettre de Talleyrand va nous apprendre quelles étaient les dispositions de Bonaparte à l'égard de son frère.

Lucien partit donc pour l'Italie, alla à Parme, passa quelque temps au château de Bassano et enfin s'installa à Rome. Il y avait des amis puissants, des parents, parmi lesquels son oncle, le cardinal Fesch, ambassadeur de la République française auprès du Saint-Siége. Le Pape lui témoignait un grand intérêt.

Bonaparte devint alors l'empereur Napoléon. Un sénatus-consulte du 18 mai déclara la dignité impériale héréditaire de mâle en mâle par ordre de primogéniture, *à l'exclusion de Lucien et de Jérôme.* L'Empereur n'oubliait pas les froissements du premier Consul.

Jérôme ne reconquit sa place qu'en 1806, lorsqu'il eut obéi à l'autorité souveraine de l'Empereur, et fait annuler son mariage avec Mlle Elisa Paterson.

Lucien quitta Rome pour aller à Milan. En mars 1805, apprenant que Napoléon se proposait d'y venir, il abandonna Milan et se retira aux bords de l'Adriatique, à Pesaro. Il ne se trouvait plus en sûreté là où était son puissant frère.

Cependant tous ses proches, sa mère, le cardinal, son frère Joseph, l'invitaient à faire une démarche auprès de l'Empereur, tout disposé, affirmaient-ils, à lui ouvrir les bras. De son côté, Lucien souffrait de se voir fermer les portes de la patrie, et d'être rejeté en dehors du rayonnement prodigieux de cette gloire éclatante, de cette grandeur épique de l'un des siens. Il n'était donc pas éloigné de faire acte de condescendance, et eût éprouvé un bonheur sincère à reconquérir l'affection fraternelle. Il voulut, avant de tenter une démarche, savoir, en dehors de toute vaine illusion, l'accueil réel qu'on lui réserverait, et il le demanda à Talleyrand, qui lui répondit, à la date du 25 mai 1805, une lettre dont nous extrayons les passages suivants :

« Je crois fermement que l'Empereur ne reconnaîtra
« jamais votre mariage avec madame Jouberthon. Tout
« ce que je connais de son caractère, tout ce que j'ai pu
« recueillir de ses dispositions et de ses conversations, me

« prouve qu'il aimerait mieux voir à un Bourbon des
« chances pour arriver au trône de France, qu'à un des
« enfants de madame Jouberthon. Et si je me sers ici
« d'une phrase qui est échappée à l'Empereur dans un
« moment de vivacité, c'est que j'ai dû reconnaître
« qu'elle était le produit de la réflexion. Aux considéra-
« tions puissantes qui le portent à repousser un mariage
« inégal se joint, peut-être, une irritation forte, née de ce
« qu'on a méconnu ses droits ; et le temps, loin de calmer
« cette disposition, ne pourra que l'accroître.

« L'Empereur regarde comme rompus les liens qui
« existaient entre lui et vous ; et *de là vous avez dû quitter
« le territoire de la France.* Je suis convaincu que
« *votre persévérance vous réserve des maux plus graves
« encore.* La confiance que vous me montrez m'oblige de
« vous dire que, chaque mois, votre position deviendra
« plus pénible, et *que vous finirez par ne plus pouvoir
« habiter l'Europe,* où votre esprit, vos goûts, vos affec-
« tions doivent vous retenir. Pourquoi vous refuseriez-
« vous à sortir d'une position qui vous prépare l'avenir
« le plus douloureux ? La voie vous est encore ouverte
« aujourd'hui. L'Empereur vous laisse la faculté de
« venir reprendre près de lui la place à laquelle vous
« avez droit de prétendre ; mais, dans ce qu'il exige, je
« crois sa résolution irrévocablement arrêtée. Il veut que,
« de concert avec Mme Jouberthon, vous annuliez le contrat

« qui vous unit. Il ne vous demande pas le sacrifice de
« l'attachement que vous avez pour elle ; il vous permet
« de la faire venir en France, de conserver même vos
« relations avec elle, en y mettant la réserve et la décence
« que votre rang vous commandera. Il ne s'oppose pas à
« ce que vous reconnaissiez comme enfants naturels les
« deux enfants que vous avez eus de madame Jouber-
« thon, et il vous sera facile d'assurer leur existence et
« même leur bonheur, car l'Empereur vous en don-
« nera tous les moyens. Sa disposition est de vous com-
« bler. Il n'est point d'honneur ni de grâces que vous
« n'obteniez de lui. »

Lucien abandonna donc l'idée d'aller saluer l'Empereur à son passage à Milan, et, de Pesaro, lui écrivit
une lettre dont nous extrayons ces lignes :

« Je ne dois pas cacher à Votre Majesté que, jusqu'à ce
« jour, je n'avais pas cessé d'espérer qu'elle finirait par
« me rendre ses bonnes grâces, ainsi qu'à ma femme et
« à mes enfants. Tant de prospérités croissantes avaient
« redoublé mon espérance. La lettre que je reçois du
« prince Joseph détruit cette illusion : il m'annonce que
« *Votre Majesté fera pour moi tout ce qui est conciliable*
« *avec la ferme résolution où elle est de ne jamais recon-*
« *naître ma femme.* Cette résolution, Sire, m'afflige pro-
« fondément, parce qu'elle m'exclut pour toujours de la
« carrière publique où j'espérais que Votre Majesté allait

« me placer. En effet, Sire, une dignité qui mettrait en
« évidence la défaveur qui pèse sur la plus chère moitié
« de moi-même m'avilirait à mes propres yeux ; un titre
« que je ne pourrais point partager avec la mère de mes
« enfants serait un don funeste qui empoisonnerait tous
« mes jours. Par cette malheureuse faiblesse d'esprit, je
« croirais approuver l'exclusion humiliante dont ma
« femme est l'objet, moi qui sens, à chaque heure de ma
« vie, combien elle est loin de la mériter. »

En septembre, Lucien était dans une propriété qu'il venait d'acheter à Tusculum, dans les États romains. Ces deux années 1806 et 1807 peuvent compter pour une des périodes les plus heureuses de l'existence de l'exilé ; le culte de la poésie, l'affection des siens, l'estime de tous et la faveur particulière dont l'honorait le Saint-Père, l'avaient consolé de toutes les amertumes.

« Tout me souriait, dit-il ; une femme adorée et tou-
« jours plus digne de l'être, des enfants charmants, toute
« la considération personnelle qui suffit à l'homme qui
« ne se croit pas au-dessus de ses semblables; l'affection
« paternelle — je puis dire l'honorable intimité — que le
« vertueux Pie VII m'avait accordée... En ces disposi-
« tions, j'ai toujours trouvé trop de charmes pour ne pas
« éprouver de dégoût pour tout ce qui, même de loin,
« frise la politique. »

De nouveaux efforts furent faits pourtant pour le réconcilier avec l'Empereur. Sa mère, madame Lætitia, le cardinal Fesch, Joseph, sa sœur Élisa lui écrivirent et firent tant qu'ils le décidèrent à se rencontrer à Mantoue avec Napoléon, lorsque celui-ci, après la paix de Tilsitt, allait visiter son royaume d'Italie.

Il faut lire, dans les intéressants Mémoires du Prince, le récit circonstancié de cet épisode curieux et caractéristique qui fut la dernière tentative de rapprochement entre les deux frères, jusqu'à ce que le malheur national les réunît. Après cette entrevue fameuse, le dernier lien fut rompu; Lucien ne revit plus l'Empereur qu'en 1815.

L'entrevue eut lieu le 12 décembre 1807.

— Eh bien, demanda l'Empereur, après les premières banalités, qu'est-ce que vous avez à me dire?

— Sire, j'attends ce que Votre Majesté voudra bien me communiquer elle-même. Vous avez eu la bonté de me témoigner le désir de me voir; d'après tout ce que notre mère m'écrit, ainsi que Joseph, je ne vous cache pas que j'ose compter sur le retour des bonnes grâces de Votre Majesté!...

— Et vous pouvez d'autant plus y compter, que cela dépend entièrement de vous. Il n'a tenu qu'à vous d'être Roi, comme vos frères...

— Sire, l'honneur de ma femme, l'état civil de mes enfants !...

— Vous dites toujours *votre femme;* vous savez bien qu'elle ne l'est pas, qu'elle ne l'a jamais été, qu'elle ne le sera jamais, car je ne la reconnais pas, je ne l'ai jamais reconnue, je ne la reconnaîtrai jamais !

— Ah ! Sire ?

— Non, je ne changerai jamais à son égard; le ciel peut tomber, je ne changerai pas. J'ai pu vous pardonner vos torts, à vous qui êtes mon frère; mais elle !... elle n'aura jamais que mes malédictions, celles de notre famille !... D'ailleurs la loi est positive. C'est, à présent, une de nos lois françaises fondamentales, comme la loi salique : *Tout mariage contracté par les membres de la famille impériale, sans le consentement de l'Empereur, est nul.* Entendez-vous bien ?

— Sire, mon mariage est antérieur à cette loi.

— Oui, mais elle a été faite pour vous qui y avez donné lieu. Oui, monsieur, il n'y a pas un bon Français qui ne vous donne tort; toute la nation vous a jugé. Y a-t-il la moindre réclamation en votre faveur contre mon sénatus-consulte organique soumis à la votation du peuple, qui vous a exclus, vous et Jérôme ? Non ! C'est que tout le monde a blâmé, condamné vos ridicules mariages. Ne vous faites donc pas illusion sur l'opinion, vous ne pouvez la ramener à vous qu'en rentrant dans mon système; Jérôme y est rentré, et il a plus de considération que vous.

Toutefois, ces violentes diatribes, ce déchaînement d'injures contre la femme de Lucien, usèrent la colère du souverain, et il revint à un sentiment plus mesuré et moins haineux contre elle.

— Nous sommes seuls ici, reprit-il après quelques instants de méditation; personne ne nous entend. A l'endroit de votre mariage, c'est moi qui ai tort. Oui, j'ai été surtout trop loin; connaissant votre caractère entêté, votre amour-propre, que vous colorez à vos propres yeux du nom de vertu, comme nous autres, souverains, appelons politique tout ce qui a rapport à nos passions, je n'aurais pas dû me mêler de votre femme. J'en ai ressenti plus d'une fois l'impression. Je vous le répète, je suis persuadé qu'elle est très-calomniée auprès de moi... Plusieurs personnes ont osé m'en dire du bien, entre autres, maman qui l'aime, m'a-t-elle dit, parce qu'elle vous rend heureux et qu'elle est bonne mère.

— Ah! Sire, c'est bien vrai!

— Tant mieux, tant mieux!

— Ma politique de famille est changée, continua-t-il; cela doit vous étonner; oui, elle est changée... ce qui fait que vos enfants que, jusqu'à présent, j'ai dû tenir en dehors de mon système dynastique, peuvent m'y être très-utiles ; mais il faut les légitimer dynastiquement. Vous savez bien que, nés d'un mariage que je n'ai pas reconnu, ils sont inhabiles à succéder à des droits même éventuels à ma couronne. N'êtes-vous pas d'accord sur ce point ?... Alors dites-moi, que feriez-vous à ma place ?

— Sire, répondit Lucien, si Votre Majesté tient à ce que mes enfants soient compris dans l'ordre de son hérédité, il me semble qu'il faut un sénatus-consulte par lequel vous déclarerez *tout simplement que les enfants de votre frère Lucien, bien que nés d'un mariage qui n'a pas eu le consentement de Sa Majesté, deviennent aptes à succéder.* Votre Majesté pourrait même motiver cet acte de sa puissance sur un principe des plus justes, qui est qu'une loi ne peut porter un effet rétroactif, et que mon mariage étant antérieur à cette même loi...

— Je sais bien, interrompit l'Empereur, que je puis faire cela ; mais je ne le dois pas ; l'opinion, comme vous le disiez tout à l'heure, l'opinion est là. Vous triompheriez de moi, c'est fort bien ; je conçois que cela vous convienne ; je ne puis pas vous céder ainsi sans transition, sans même une satisfaction nécessaire ! Que dirait la famille ? Que dirait ma cour, la France, l'Europe entière qui a les yeux levés sur mes moindres actions, mes moindres gestes ? Une telle palinodie me ferait plus de tort qu'une bataille perdue !...

— Mais alors, Sire, que voulez-vous donc de moi ?

— Ce que je veux, c'est un divorce pur et simple.

— Mais, Sire, vous avez toujours dit que je n'étais pas marié. Vous affectez de parler de ma femme sous le nom de son premier mari ; si nous ne sommes pas mariés à vos yeux, comment pouvons-nous divorcer ? Un divorce suppose un mariage rompu ; pour le rompre, il faut qu'il soit contracté.

— Eh bien, c'est précisément ici que je vous attends. Ne vous ai-je pas dit que ma politique était changée ?... En un mot, par le divorce que je vous demande, que devez-vous conclure ? C'est que, par ce divorce, je veux bien reconnaître votre mariage, mais que je ne veux pas reconnaître votre femme. Et remarquez bien que le divorce ne fait pas tort à vos enfants, comme tout ce que vous avez refusé de faire jusqu'à présent et que je désirais que vous fissiez : nullité de mariage, séparation et tout ce qui s'ensuit.

— A mes yeux, Sire, répliqua très-résolûment Lucien, séparation, divorce, nullité de mariage et tout ce qui tiendra à une séparation de ma femme, me paraît déshonneur pour moi et mes enfants, et je ne ferai jamais rien de pareil, je vous l'assure !

Le passage suivant, emprunté aux *Mémoires*, explique les raisons pour lesquelles Napoléon insistait aussi vivement pour obtenir le consentement de son frère à son divorce.

LE PRINCE PIERRE NAPOLÉON BONAPARTE

L'exil. — En Italie. — Mantoue.

« J'étais demeuré plongé dans une espèce de rêverie
« vague qui n'était pas sans douceur, au point que j'en-
« tendais, sans y prêter attention, les discours que Napo-
« léon continuait à me tenir. Je ne sais s'il prit cela pour
« de l'hésitation dans mes principes, et si ce fut à l'erreur
« de croire que je pourrais faillir dans ma résolution de
« ne jamais isoler ma position politique et privée de celle
« de ma femme et de mes enfants, que je dus un redou-
« blement d'instances pour me faire consentir au sacrilége
« de mon divorce avec ma femme, ma femme déjà mère
« de plusieurs enfants et enceinte d'un autre! *Il avouait*
« *qu'il n'y tenait tant que pour paralyser, atténuer, au*
« *moins, dans l'opinion, qu'il lui plaisait de respecter à*
« *un certain point en cette occasion, le mauvais effet de*
« *son propre divorce, dont le prétexte était la stérilité*
« *devenue le partage de son impératrice Joséphine.*

« — Votre femme... continua-t-il, eh bien, votre
« femme!... ne vous l'ai-je pas déjà fait écrire?... elle
« sera duchesse de Parme, et l'aîné de vos fils héritera
« d'elle sans avoir à prétendre à votre héritage de prince
« français : ce sera le premier rang auquel je vous appel-
« lerai en attendant mieux, c'est-à-dire une souveraineté
« indépendante!

« Napoléon, après avoir fait briller à mes yeux la
« couronne de la duchesse de Parme pour ma femme,

« croyant sans doute achever de me séduire, ajouta :
« — Quant à vous, choisissez!...

« Pendant qu'il prononçait ces paroles, son regard
« étincelait de je ne sais quel éclat d'orgueil qui me parut
« satanique ; il frappa un grand coup de sa main, large-
« ment déployée, au milieu de l'immense carte d'Europe
« qui était étendue sur la table et à côté de laquelle nous
« étions debout.

« — Oui, choisissez, me dit-il ; vous le voyez, je ne
« parle pas en l'air : tout cela est à moi ou va bientôt
« m'appartenir : je puis en disposer jusqu'à présent.
« Voulez-vous Naples ?... Je l'ôterai à Joseph, qui d'ail-
« leurs ne s'en soucie pas ; il aime mieux Morfontaine...
« L'Italie, le plus beau fleuron de ma couronne impé-
« riale ? Eugène n'en est que le vice-roi, et loin de la dé-
« daigner, lui, il espère bien que je la lui donnerai, ou
« du moins que je la lui laisserai, s'il me survit. Il pour-
« rait bien sur ce point être trompé dans son attente, car
« je vivrai quatre-vingt-dix ans ; il le faut pour la par-
« faite consolidation de mon empire. D'ailleurs, Eugène
« ne me convient plus en Italie avec sa mère répudiée...
« L'Espagne ?... ne la voyez-vous pas tomber dans le
« creux de ma main, grâce aux bévues de vos chers
« Bourbons et à l'ineptie de votre ami, le prince de la
« Paix ? Ne seriez-vous pas bien aise de régner là où
« vous n'avez été qu'ambassadeur ? Enfin, que voulez-

« vous? Parlez; tout ce que vous voudrez ou pourrez
« vouloir est à vous, si votre divorce précède le mien!

« — Oh! Sire, lui dis-je, sachez que même votre beau
« royaume de France ne me tenterait pas au prix de mon
« divorce; et puis... Ici, je m'arrêtai; mais, comme s'il
« eût répondu à ma pensée, l'Empereur me dit d'un ton
« sec et d'un air superbe que je ne lui avais pas encore vu
« prendre depuis que durait notre conversation :

« — Par hasard, vous croiriez-vous plus solide sur
« votre terrain de vie privée, dont, au reste, *il ne tient*
« *qu'à moi de vous priver,* que moi sur mes trônes?
« Croyez-vous, par exemple, que votre ami le Pape soit
« assez puissant pour vous protéger contre moi, si je
« voulais bien sérieusement vous tourmenter?...

« — Ah! Sire, j'aime à croire qu'il n'en aura jamais
« besoin!

« En définitive, pendant tout le cours de cette con-
« versation, loin de pouvoir être amené à une con-
« cession, l'Empereur se montra toujours inflexible et
« intraitable dans sa manière de voir, tandis que, de mon
« côté, je m'efforçai d'être humble sans bassesse et
« modéré sans pusillanimité, pour mieux lui persuader
« combien aussi je serais toujours inébranlable dans les
« principes qui avaient réglé ma conduite.

« J'eus le chagrin, et je pourrais dire le dépit, de lui

« entendre toujours répéter les mêmes choses avec les
« mêmes arguments, comme si je ne lui avais rien
« répondu de fondé en raison; je revins plusieurs fois au
« sénatus-consulte que je lui avais proposé; il éluda tou-
« jours cette ouverture; seulement, la dernière fois qu'il
« en fut question, il ajouta d'un ton solennel :

« — Enfin, soyez-en certain, tout pour Lucien divorcé,
« rien pour *Lucien sans divorce!*

« Je répondis à cette sentence en faisant un léger mou-
« vement pour me diriger vers la porte, car je ne voulais
« pas brusquer ma sortie, et même je tenais à conserver
« avec mon frère l'Empereur, malgré mon état d'irrita-
« tion, cette espèce d'étiquette qui consiste à se laisser
« congédier. Me trouvant en désaccord avec lui sur le
« sujet principal, je ne voulais pas augmenter son humeur,
« par quelque motif extérieur : il prévint lui-même mon
« idée, et me prenant tout à coup par la main, comme
« pour me ramener vers lui, il me dit d'un ton et d'un
« air indéfinissables, car il y avait de tout dans cet air et
« dans ce ton-là, et ce devait être sa dernière espérance
« pour me réduire :

« — Si je divorçais, vous ne seriez pas seul avec moi; car
« Joseph, aussi, attend mon divorce pour déclarer le sien. »

Lucien, convaincu qu'il ne vaincrait jamais le parti
pris de son frère, n'avait plus qu'à se retirer. Malgré les

instances de l'Empereur pour le retenir, il se disposa à prendre congé :

« — Vous allez vous entendre avec votre femme », dit Napoléon; « alors, adieu nos projets de rapproche-
« ment !

« — Sire, j'ose dire que vous vous trompez; les projets
« de Votre Majesté n'ont pas de meilleur auxiliaire que
« ma femme, et si elle y voit l'intérêt bien démontré de
« ses enfants, croyez qu'elle désire vivement sortir de la
« position où elle se trouve. Être l'objet de la haine per-
« sonnelle de Votre Majesté est pour elle un chagrin pro-
« fond. Je crains quelquefois qu'elle succombe aux agi-
« tations et aux rêveries de sa position, malgré tous mes
« efforts pour la tranquilliser !

« — Vraiment? me dit-il; oh! j'en suis fâché. Mais
« prenez bien garde, il ne faut pas surtout qu'elle meure
« avant d'avoir fait divorce; je ne pourrais plus légitimer
« vos enfants !...

« Il me dit cela d'un ton voisin de la plaisanterie;
« comme il s'aperçut qu'elle me plaisait peu, il n'insista
« plus et ajouta :

« — Eh bien, partez puisque vous le voulez, et
« *tenez-moi parole !* »

Napoléon concevait évidemment l'espoir que Lucien, avec la réflexion, finirait par adhérer à ses projets. Et tout porte à croire que ce fut en raison de cet espoir déçu, qu'il répéta souvent que son frère l'avait toujours trompé, et surtout dans cette entrevue où, disait-il, — ce que dément la très fidèle relation de Lucien, — il lui aurait promis de divorcer, si lui, l'Empereur, lui donnait l'exemple.

« Je crois bien, continue Lucien, qu'il en avait assez
« de moi, comme j'en avais beaucoup trop de lui. Je me
« hâtai de partir de son salon; il me tendit la main en
« même temps que la joue, sur laquelle j'imprimai un
« baiser plus respectueux que fraternel.

« J'étais déjà dans la seconde chambre à côté du salon,
« marchant assez vite pour aller retrouver ma voiture,
« que j'avais dit de tenir prête pour minuit, quand
« j'entendis l'Empereur appeler à haute voix : — Men-
« neval ! Menneval !

« Je doublai le pas, dans la crainte que ce fût à mon
« sujet que Menneval fût ainsi appelé.

« Je n'ai pas revu Napoléon depuis ce jour. »

La persécution devait bientôt s'accentuer et prendre des proportions hors de toute mesure.

Depuis longtemps déjà, une lutte sourde était engagée entre le Pape et l'Empereur; vers la fin de l'année 1807, le conflit prit un caractère aigu; les notes du gouvernement français, le langage de l'ambassadeur Alquier, menaçaient de mesures violentes ; des troupes avaient reçu l'ordre d'occuper les États pontificaux.

Le 3 janvier 1808, le Pape dit à l'ambassadeur :

« Les troupes françaises s'avancent à grands pas. Elles paraissent dirigées sur Naples, d'après l'ordre de route transmis au secrétaire d'État, mais je sais qu'elles viennent à Rome. Cela m'est annoncé de toutes parts. Je vous ai donc fait appeler pour vous déclarer mes intentions. Il n'y aura point de résistance militaire, mais j'ordonnerai qu'on ferme les portes de Rome. Je me retirerai au château Saint-Ange avec les personnes qui voudront m'accompagner. On ne tirera pas un seul coup de fusil, parce que j'ai en horreur l'effusion du sang ; mais il faudra que le général fasse briser les portes. Je me placerai à l'entrée du fort ; les troupes seront obligées de passer sur mon corps, et l'univers chrétien saura que l'Empereur a fait fouler aux pieds celui qui l'a sacré. Dieu fera le reste ! »

La situation de Lucien à Rome devenait horriblement délicate ; prendrait-il parti pour l'Empereur ou pour le Pape ? La neutralité même lui eût été imputée à crime par l'un et l'autre adversaire. Toutefois, comme les causes justes trouvaient toujours en lui un défenseur, et qu'il jugeait légitime celle du Souverain Pontife, comme aussi il était lié par la reconnaissance envers le Pape, qui lui avait toujours témoigné le plus touchant intérêt, il ne put se défendre de manifester son opposition aux mesures violentes de Napoléon, tout au moins en rompant ses relations avec les agents du gouvernement impérial. Cette conduite mit le comble à la fureur de l'Empereur, qui exigea que sa famille cessât tous rapports avec Lucien, et envoya à celui-ci l'ordre de quitter Rome. Lucien demanda donc ses passe-ports. Il alla à Florence et y reçut un nouvel ordre de déplacement. Milan lui était également interdit. Il pensa à se retirer aux États-Unis. Mais, sur les conseils de ses amis, il se décida à rester dans sa terre de Canino, que le Pape lui avait vendue, et il y demeura jusqu'à la fin de mai 1810.

Cependant l'Empereur ne désarmait pas et n'oubliait pas; son frère ne devait pas échapper à sa persécution et continuer à vivre en paix dans son domaine de Canino, retiré de toute politique et de toute intrigue, n'ayant d'autre ambition que celle d'être aimé des siens et de se reposer des orages de la vie dans le culte des lettres.

Le 8 juin, il reçut ses passe-ports pour lui et sa famille.
Le passe-port destiné à madame Lucien Bonaparte, — comble d'injure, œuvre de basse rancune que l'on doit vraisemblablement attribuer à la lâche et vile initiative de quelque fonctionnaire courtisan, empressé à servir et

à dépasser même les intentions haineuses du maître, — le passe-port destiné à madame Lucien Bonaparte, disons-nous, était établi au nom de madame Jouberthon.

Plus encore : au mois de septembre, l'Empereur envoyait l'ordre de rayer Lucien de la liste des sénateurs [1]. Les lettres portant cette décision rigoureuse à la connaissance des grands officiers du Sénat, et l'expliquant par la résistance coupable de son frère à rompre un mariage non autorisé par le souverain et indigne de son impériale famille, contiennent, à l'adresse de la compagne de Lucien, de grossières injures qui dépassent, en vérité, tout ce que l'on peut imaginer de violence. On en pourra juger, du reste, en compulsant les pièces justificatives placées à la fin de cette notice.

Ainsi cette femme qu'il avouait qu'on avait calomniée auprès de lui, cette femme qu'il proposait, — étrange combinaison et plus étrange morale encore, — de faire duchesse de Parme, à la seule condition que Lucien consentît à divorcer, avec laquelle, d'ailleurs, il ne s'opposait pas à ce qu'il continuât discrètement à vivre après le divorce, puisqu'elle le rendait heureux et était bonne mère; cette femme, maintenant que Lucien avait repoussé ses offres, et qu'elle était la pierre d'achoppement contre laquelle était venue se briser son omnipotence, devenait,

[1] Voir aux Pièces justificatives. — Pièce n° 2.

au gré de sa rage, la plus indigne et la plus vile des créatures! Quand l'exaspération arrive à ces limites, c'est la folie, et ce débordement d'invectives n'a jamais pu atteindre la princesse de Canino; le respect et l'amour que lui ont voués son mari et ses enfants, et le culte de ceux-ci pour sa mémoire vénérée, ont fait justice de toutes ces déclamations insensées.

Nous avons d'elle une lettre touchante, digne, et du sentiment le plus élevé, qu'elle écrivit à l'Empereur, en 1810. Cette épître douloureuse, suppliante et résignée, suffirait à coup sûr pour réfuter victorieusement toutes les calomnies dont Napoléon a voulu flétrir la noble femme, et pour la défendre contre tous les outrages [1].

Lucien résolut donc de se retirer au libre pays d'Amérique et demanda des passe-ports anglais pour s'y rendre. La réponse se faisant attendre, et ayant hâte de mettre la mer entre lui et son persécuteur, il s'embarqua sur un navire que tint à sa disposition son beau-frère Murat, roi de Naples. On partit le 5 août; le 11, le mauvais temps força de relâcher à Cagliari; le gouvernement sarde ne lui permit pas de débarquer, et le consul anglais, auquel il s'adressa pour avoir des passe-ports, s'excusa et déclara que son gouvernement ne les accorderait pas.

---

[1] Voir aux Pièces justificatives. — Pièce n° 3.

L'exil. — En Italie. — Mantoue.

Tout se réunissait pour l'accabler; il n'échappait à la *vendetta* fraternelle que pour tomber entre les mains des pires ennemis de tout ce qui portait le nom de Bonaparte. Il fallait pourtant se décider; il voulut tenter la fortune, prendre la mer, essayer d'échapper aux croisières et de gagner les États-Unis; mais comme il sortait du port, il se trouva en présence de deux frégates anglaises qui le firent prisonnier de guerre et le conduisirent à Malte, où il fut interné jusqu'à la fin de novembre. A ce moment, le gouvernement britannique l'envoya prendre, pour le transporter à Plymouth. Après un court séjour dans le pays de Galles, à Ludlow, qui lui avait été désigné comme résidence, il fut déplacé de nouveau et interné dans le comté de Worcester; il y acheta une propriété appelée Thorngrowe, qu'il habita jusqu'en 1814.

Les catastrophes s'étaient amoncelées pendant ces deux dernières années; après le désastre de Russie, les sanglantes et fatales journées de Leipzig. La France était envahie et le colosse impérial abattu. Le 11 avril, Napoléon abdiquait à Fontainebleau; le 3 mai, il entrait à Porto-Ferrajo, dans l'île d'Elbe, qui lui était donnée en souveraineté.

Le 27 mai, Lucien était à Rome. Le Pape l'accueillit avec la bonté et la faveur qu'il lui avait toujours montrées, et lui conféra le titre de prince romain.

Le décret était ainsi conçu :

« Prenant en considération le loyal et sincère attache-
« ment que Lucien a toujours montré pour le Saint-Siége
« et particulièrement pour notre personne, en suivant
« les traces des Souverains Pontifes, nos prédécesseurs,
« qui se sont toujours plu à honorer les sujets qui, doués
« de vertus particulières, avaient mieux mérité de leur
« part, nous élevons à la dignité de prince de Canino,
« avec tous les honneurs et prérogatives attachés à cette
« dignité, le sieur Lucien Bonaparte. »

CHAPITRE V

LES CENT-JOURS.

Le *Moniteur* du 21 mars 1815 publiait les nouvelles suivantes :

INTÉRIEUR.

« Paris, le 20 mars.

« Le Roi et les princes sont partis dans la nuit.
« S. M. l'Empereur est arrivé, ce soir, à huit heures,
« dans son palais des Tuileries. Il est entré à Paris à la tête
« des mêmes troupes qu'on avait fait sortir le matin pour
« s'opposer à son passage. L'armée qui s'était formée
« depuis son débarquement n'avait pu dépasser Fontai-
« nebleau. Sa Majesté a passé sur la route la revue de
« plusieurs corps de troupes. Elle a marché constam-

« ment au milieu d'une immense population qui, par-
« tout, se portait au-devant d'elle.

« Le brave bataillon de la vieille garde, qui a accom-
« pagné l'Empereur depuis l'île d'Elbe, arrivera ici demain
« et aura fait ainsi, en vingt et un jours, le trajet du golfe
« Juan à Paris. »

Napoléon avait quitté l'île d'Elbe le 26 février. Après avoir assisté à la parade et à la messe, il avait subitement donné l'ordre d'embarquement; à 7 heures, il était à bord, emmenant environ 1,200 hommes, quatre canons, six pièces de campagne. Il se croisa en mer avec le brick français *le Zéphire,* qui le laissa passer; il fut assez heureux pour esquiver la croisière anglaise et débarquer au golfe Juan le 1er mars.

De là jusqu'à Paris, ce fut une marche triomphale; toutes les troupes envoyées pour l'arrêter vinrent, avec les démonstrations du plus chaleureux enthousiasme, se ranger sous son drapeau, et les populations l'acclamèrent. Le mouvement général fut merveilleux d'élan patriotique, et, certes, l'Empereur put s'assurer alors que le cœur de la France était avec lui.

Le 20 mars, donc, il entrait aux Tuileries.

Mais depuis que la première nouvelle de son débarquement était venue jeter l'effroi à la cour du Roi imposé par les puissances étrangères, un ennemi puissant par sa haute intelligence et son habileté, par son activité, son énergie, sa haine et son ambition, Talleyrand, l'ancien ministre de Napoléon au temps de sa prospérité, maintenant tout dévoué aux Bourbons, Talleyrand avait eu le temps de renouer la coalition. Dès le 13 mars, la Sainte-Alliance était reconstituée, et les membres du congrès faisaient une déclaration collective. Le 31, une convention militaire arrêtait la formation de trois armées, fortes ensemble de huit cent mille hommes, destinées à envahir la France.

Certes, l'irrésistible élan de l'enthousiasme populaire, qui avait fait cortége à l'Empereur sur tout son parcours, était bien propre à lui faire présager le succès définitif et complet de son audacieuse tentative, et à lui donner l'espoir légitime que les braves armées qu'il allait cette fois encore conduire aux combats, sauraient, à sa voix, accomplir de nouveaux prodiges et retrouver le chemin de la victoire. Il n'en était pas moins évident cependant que les dangers étaient terribles, et qu'il faudrait des miracles que le génie seul peut enfanter, pour refaire en quelques jours, dans cette France désorganisée militairement depuis l'abdication de Fontainebleau, des troupes capables de lutter contre les effrayantes agglomérations de forces réunies sur toutes nos frontières.

Jamais plus formidables orages ne s'étaient amoncelés sur la tête de Napoléon.

Devant l'imminence du péril qui menaçait le chef glorieux des Bonaparte, les dissensions de famille devaient être oubliées, et tous les cœurs, toutes les intelligences se réunir en un faisceau pour combattre le danger.

Lucien ne tarda pas à offrir son concours à l'Empereur.
Celui-ci l'accepta avec reconnaissance, sachant les services qu'il pouvait attendre de son esprit élevé, de sa profonde connaissance des événements et des hommes, de son intelligence supérieure, et il lui confia diverses négociations délicates auprès de l'empereur d'Autriche et du Pape. Mais la diète faisait bonne garde autour de tout ce qui portait le nom honni de Bonaparte. Le séjour de la Suisse fut interdit à Lucien, et il fut obligé de venir s'installer en France, à proximité de la frontière, à Versoix, d'où il entretenait néanmoins des intelligences avec la Suisse, tout en suivant très-exactement les mouvements des alliés.

Cependant, le 4 mai, il reçut un courrier qui le décida à partir pour Paris.

Le prince Joseph avait rejoint l'Empereur depuis le 23 mars; il avait, à plusieurs reprises, engagé son frère à venir aux Tuileries.

Dans des notes sommaires du prince, écrites au jour le jour, sous l'impression directe des événements, et, na-

Le Prince Antoine Bonaparte

turellement, empreintes d'un incontestable accent de vérité, nous trouvons les quelques passages suivants sur
cette entrevue :

« Joseph insiste pour que je vienne.

« Les temps sont bien changés, m'écrit-il, ON te verra
« avec plaisir, j'en suis sûr. Et, si je ne me trompe, ON
« n'oserait pas te persécuter. Viens.

« Je me décide, je pars, je tombe chez Joseph. ON
« sait que je viens, ON m'attend à bras ouverts. Eh bien!
« partons.

« Mon entrevue avec l'Empereur, bien différente de
« celle de Mantoue. L'Empereur me passe au cou le
« grand cordon de la Légion d'honneur, avec lequel il a
« fait le voyage de l'île d'Elbe à Paris. — C'est trop
« honteux pour moi que vous ne l'ayez pas, me dit-il.
« Il m'installe au Palais-Royal et compose ma maison.
« — Pour vous y attacher un peu plus, je vous donne le
« palais en toute propriété, ajoute-t-il.

« Je remercie, j'accepte et je garde à mon service tous
« les domestiques de la maison d'Orléans qui veulent y
« rester.

« *L'Empereur doit faire un sénatus-consulte à mon*
« *sujet.* Il est installé à l'Élysée. »

Ainsi, les griefs anciens étaient oubliés; l'action généreuse de Lucien venant spontanément partager les dan-

gers de l'Empereur, lui qui, aux jours prospères, n'avait pas participé à ses bienfaits, cette noble initiative effaçait la trace des discordes passées et faisait renaître l'harmonie dans la famille. Napoléon accueillait avec joie le retour de celui qu'il considérait comme l'enfant prodigue, et lui rendait son rang et les priviléges et honneurs y attachés. *Il s'engageait à faire un sénatus-consulte* qui devait sanctionner ses intentions.

Évidemment, l'Empereur rendant à son frère sa place dans sa famille et dans ses conseils, lui confiant une part dans son gouvernement, devait rétablir les choses en l'état où elles eussent été fixées lors de la constitution de l'Empire, si des dissensions n'avaient séparé Napoléon et Lucien.

Le sénatus-consulte a donc été résolu; la raison l'exige.

A-t-il été signé?

Si oui, a-t-on par négligence, inadvertance, omis de le publier?

Ou bien, — que ne peut-on avoir à redouter des intrigues de Cour? — des adversaires ont-ils profité du désordre qui régnait au milieu de ces monceaux de décrets, de décisions, de travaux gigantesques résultant d'une reconstitution complète, aussi hâtive, de l'État et de l'armée, pour faire disparaître cet acte précieux?

Ou bien, simplement, l'Empereur, dans le cerveau

duquel s'agitait alors un tel monde de pensées, de calculs et de projets, a-t-il oublié de le signer?

Toujours est-il qu'on ne le trouve ni au *Bulletin des lois,* ni au *Moniteur.*

Cependant, nous verrons par la suite de ce récit que, dans toutes les relations officielles rendant compte d'un acte quelconque de participation du prince aux affaires de l'État, et particulièrement dans le *Moniteur, le seul journal officiel,* Lucien est toujours désigné sous le titre d'ALTESSE IMPÉRIALE, ainsi que ses frères Joseph et Jérôme. Les extraits des journaux de cette époque en font foi [1]. Ce témoignage atteste suffisamment que cette restitution de titre était chose acquise, ordonnée par le souverain, reconnue par tous les dignitaires de l'État, même en l'absence du décret spécial d'investiture dont, nous le répétons, on ne trouve pas trace dans le *Bulletin des lois.*

On a constaté, du reste, beaucoup plus tard, après la mort de S. A. la princesse Alexandrine Bonaparte, la disparition, nous pourrions dire la soustraction d'un assez grand nombre de pièces qui eussent pu combler des lacunes et élucider des points encore obscurs dans l'histoire de la famille.

Le 22 août 1855, en effet, à Sinigaglia, l'exécuteur

---

[1] Voir aux Pièces justificatives. — Pièces nos 5, 6, 7.

testamentaire de la princesse, M. Bataglioni, remit entre les mains de M. G. Baude, délégué du comte de Rayneval, ambassadeur de France à Rome, cinq liasses de documents tirés du portefeuille du prince Lucien Bonaparte. Ces papiers comprenaient la correspondance de la famille, des mémoires, des notes, ainsi que les dépêches officielles relatives aux missions remplies par Lucien.

M. de Rayneval les adressa aux ministres des affaires étrangères, qui les fit déposer aux archives de son département.

L'empereur Napoléon III en réclama la communication.

Le 15 janvier 1856, M. Cintrat fit parvenir au souverain les dossiers contenus dans la cinquième liasse, et composés de trois cent cinquante pièces.

Ces trois cent cinquante pièces ne reparurent plus aux archives.

Les autres liasses échappèrent à la curiosité impériale, et les dossiers furent classés aux fonds respectifs.

Mais reprenons le cours des événements.

Le *Moniteur* du 10 mai inséra la note suivante :

« Le prince Lucien, qui a longtemps habité Rome, est
« rentré en France. Il est arrivé hier à Paris. Sa Majesté
« lui a assigné pour sa demeure le Palais-Royal. Il

« recevra demain la visite des ministres et des officiers
« de la maison de l'Empereur. »

Dans le numéro du *Moniteur* du 21 mars, annonçant le retour de l'Empereur aux Tuileries, avait paru, parmi un grand nombre de proclamations, d'adresses, d'actes législatifs, un décret portant dissolution de la Chambre des pairs et de la Chambre des communes, et convoquant les colléges électoraux de l'Empire, dans le courant du mois de mai, à Paris, « *en Assemblée extraordinaire du* « *Champ de Mai,* afin de prendre les mesures convenables « pour corriger et modifier nos constitutions, selon « l'intérêt et la volonté de la nation, et en même temps « pour assister au couronnement de l'Impératrice, notre « chère et bien-aimée épouse, et à celui de notre cher et « bien-aimé fils [1] ».

Cette dernière partie de l'article que nous reproduisons ci-dessus, s'explique par l'espoir qu'avait encore Napoléon de détacher François II de la coalition et d'obtenir de lui que l'impératrice Marie-Louise, sa femme, et son fils, le roi de Rome, lui fussent rendus.

A propos de ce Champ de Mai, quelques notes encore de Lucien sont particulièrement intéressantes :

« Je vois souvent l'Empereur. Je l'engage à partir
« pour l'armée. Sa santé est mauvaise. Grande propen-

---

[1] Voir aux Pièces justificatives. — Pièce n° 4.

« sion au sommeil, effet de sa maladie. Lui-même
« s'étonne, d'après cet état de somnolence qui lui est
« habituel, d'avoir eu l'énergie de partir de l'île d'Elbe.

« Il projette un Champ de Mai, où je lui propose d'abdi-
« quer. Il ne m'en paraît pas fort éloigné. Quelques
« jours après, au lieu du projet d'abdication, il me donne
« connaissance de ses articles additionnels. J'ose le con-
« tredire. — « Un million d'amis *de moins, au moins* »,
« lui dis-je. — Il me traite de radoteur. Il se fâche
« comme autrefois. Je le supporte en silence; la position
« est si différente! Au fond du cœur, je me dis : Hélas! il
« n'est pas changé. »

Cette proposition prématurée d'abdication, indiquée dans les notes au jour le jour dont nous donnons des extraits, et niée plus tard, ne devait-elle pas apparaître à l'esprit du Prince comme une mesure de salut national? Les pages suivantes, empruntées à une brochure publiée en 1835 sous ce titre : *La vérité sur les Cent-Jours*, quoique elles soient relatives au rôle dissolvant des partis dans la Chambre des députés, après la défaite de Waterloo, ne reflètent-elles pas la pensée secrète qui pouvait, dès le retour de l'île d'Elbe, et en présence de la coalition subitement reformée, justifier un semblable conseil ?

« Cette situation des partis politiques, y lit-on, léguée
« aux Cent-Jours par le passé, n'explique-t-elle pas, ne

« justifie-t-elle pas en partie le triste aveuglement des
« Chambres, qui, répudiant, comme en délire, tout sou-
« venir glorieux, se laissèrent misérablement choir au
« rôle hideux des Grecs du Bas-Empire ? Avouons-le sin-
« cèrement, la concorde publique, indispensable à notre
« salut, ne pouvait pas être obtenue dans une pareille
« divergence d'opinions; il fallait donc ou les comprimer
« toutes sous une dictature momentanée, ou les réunir
« toutes en deux camps opposés, en abandonnant com-
« plétement les traditions impuissantes de la Monarchie
« impériale, et en proclamant de nouveau la grande
« république, en face des rois coalisés. »

Ah! sans doute, si, comme le dit Lamarque, Napoléon, après un miraculeux retour, eût ressuscité le consulat; si la *Marseillaise,* terreur des rois absolus, s'était élancée de sa vaste poitrine, comme le cri d'Achille après les funérailles de Patrocle; si sa voix, en réponse à la malédiction lancée sur sa tête par le congrès des rois, leur eût dit ce qui était au fond de son cœur : « J'ai cru, en m'asseyant au milieu de vous, faire ce qu'il fallait pour réorganiser la France et l'Europe ébranlées; j'ai voulu concilier les trônes et les peuples; j'ai cru avoir reçu de la Providence la mission de médiateur entre le passé et l'avenir... Et vous, père de ma femme! Et vous, autocrate, à qui je rendis une armée captive!... Et vous, fils du grand Frédéric, qui reçûtes de moi votre monarchie tout entière envahie!... Vous tous, rois aveugles, vous blasphémez mon nom! Vous me rejetez du sein de la société! La mesure est comble, et je vous rejette à mon tour loin de moi. L'Empereur de France n'est plus! Le roi d'Italie n'est plus! Le consul seul ressuscite et vous renvoie vos malédictions. Il ne s'agit plus d'une guerre entre des dynasties, mais d'une guerre à mort entre le pouvoir héréditaire du vieux monde et le pouvoir constitutionnel du nouveau. Le peuple, dont je redeviens le chef électif, rompt à jamais tout pacte avec les trônes de droit divin; vous avez proscrit le grand médiateur. Malheur à vous! »

Si telle avait été la réponse de Napoléon, dans vingt-quatre heures, au lieu de tant de partis en France, il n'y en aurait plus eu que deux, l'immense parti de la Révolution et l'imperceptible parti de l'ancien régime. Un million de citoyens, dirigés par cent mille vétérans de l'Empire, eût couvert les bords du Rhin. Les peuples de l'Europe, un moment fanatisés contre nous, dans une querelle d'empereur à empereur, eussent réfléchi, l'arme au bras! Mais pourquoi nous égarer dans de pareilles suppositions? La guerre ne fut qu'entre dynasties, l'une nouvelle et seule, toutes les autres anciennes et armées... Napoléon dut succomber.

Le 23 mai, le *Moniteur* annonça que S. A. I. le prince Lucien avait été nommé député par le collège électoral de l'Isère. L'idée de cette élection n'avait pas, semble-t-il, eu d'abord la faveur de l'Empereur. Malgré la preuve éclatante de dévouement que venait de lui donner Lucien, il n'était pas sans nourrir contre lui quelque rancune, et, contre toute équité, il le tenait en suspicion. Ce sentiment est constaté, à diverses reprises, dans les notes du prince.

« Il me déclare, dit-il, qu'il ne veut pas que je siége au « Corps législatif. Il me soupçonne d'avoir l'ambition « cachée de me faire nommer président avec l'idée de « faire un nouveau 18 Brumaire contre lui. Je m'indigne « et je me retire ; Joseph nous raccommode. »

Puis à l'occasion des préparatifs du Champ de Mai, un soupçon injurieux des intentions de son frère se manifeste encore :

« Les costumes sont décidés pour la cérémonie du « Champ de Mai. Je ne veux pas paraître en blanc, mais « avec un habit de garde national. L'Empereur me « répond avec un mauvais sourire : — « Oui, pour faire, « vous, plus d'effet en garde national que moi en Empe- « reur, n'est-ce pas ? » Je me décide à me mettre en habit « blanc. »

Ces détails tout intimes seraient donc en complète contradiction avec l'affirmation de M. Thiers, qui dit dans son *Histoire du Consulat et de l'Empire :*

« Napoléon logea le prince Lucien au Palais-Royal. Il
« désirait le faire élire représentant dans l'Isère, départe-
« ment tout dévoué à la cause impériale; son intention
« secrète, si Lucien devenait membre de la Chambre des
« représentants, était de le nommer président de cette
« Chambre, se souvenant de quelle manière il avait pré-
« sidé les Cinq-Cents dans la mémorable journée du
« 18 brumaire. »

Et un peu plus loin, à propos du retard apporté par l'Empereur à la nomination des pairs, l'historien ajoute :

« Napoléon tenait, comme nous l'avons dit, à faire de
« Lucien le président de la Chambre des représentants,
« et dans cette intention, il l'avait fait élire représentant
« dans le département de l'Isère, ce qui n'avait rencontré
« aucune difficulté. Il voulait donc attendre le résultat du
« scrutin dans la Chambre des représentants, avant de
« publier la liste des pairs, sur laquelle *il ne pouvait se
« dispenser de porter le prince Lucien* si la présidence de
« la seconde Chambre ne lui était pas dévolue [1]. »

Le 1er juin, eut lieu cette cérémonie du *Champ de Mai* [2].
L'Empereur [3] se rendit au Champ de Mars dans le carrosse

[1] THIERS, *Histoire du Consulat et de l'Empire*, livre XLI, juin 1815. — *Le Champ de Mai*.
[2] Voir aux Pièces justificatives. — Pièce n° 8.
[3] Napoléon avait sur la tête une toque noire, ombragée de plumes et attachée sur le devant par un gros diamant; son man-

attelé de huit chevaux qui avait servi pour le sacre, précédé des princes de sa famille, avec les maréchaux à cheval aux portières. Une grande, une immense acclamation l'accueillit; l'enthousiasme de l'armée atteignit les dernières limites du délire patriotique. Il s'avança sur le trône élevé en avant de l'École militaire, ayant à sa droite ses frères, le prince Joseph et le prince Jérôme, et à sa gauche son troisième frère le prince Lucien. Une messe fut célébrée. Puis, les membres de la députation, au nombre de cinq cents environ, s'avancèrent, et l'un d'eux prononça une harangue. Après quoi, le Prince Archichancelier proclama le résultat des votes portant que l'Acte additionnel aux Constitutions de l'Empire était accepté à la presque unanimité des votants; et le héraut d'armes, sur l'ordre de Sa Majesté, dit : « Au nom de l'Empereur, je déclare que l'Acte additionnel aux Constitu-

teau était de velours pourpre doublé d'hermine blanche, brodé en or, descendant à peine jusqu'aux talons, noué autour du cou et sans manches. Il avança précipitamment, salua, ou plutôt inclina deux ou trois fois la tête, et s'élança vers son trône, où il s'assit et s'entoura de son manteau. Il avait assez mauvaise grâce et paraissait soucieux. Ses frères se placèrent à ses côtés, Lucien à sa gauche, Joseph et Jérôme à sa droite; ils étaient tous les trois vêtus de taffetas blanc depuis les pieds jusqu'à la tête et avaient aussi mauvaise mine.

L'archichancelier Cambacérès, en manteau orange parsemé d'abeilles d'or, descendit alors sur la plate-forme et s'assit sur une chaise qui lui était destinée, un peu au-dessous de celles qui étaient placées à droite du trône.

(Récit de M. Hobhoux, témoin oculaire.)

tions de l'Empire a été accepté par le peuple français. »

Napoléon, ayant signé l'acte de promulgation de la Constitution, prononça un discours qui produisit une indescriptible émotion et suscita les mêmes acclamations enthousiastes.

Alors, l'archevêque de Bourges, faisant fonction de grand aumônier, s'approcha du trône et présenta, à genoux, les saints Évangiles à l'Empereur, qui prêta sermenr en ces termes :

« Je jure d'observer et de faire observer les Constitutions de l'Empire. »

Le Prince Archichancelier s'avança au pied du trône et prononça le premier le serment *d'obéissance aux Constitutions et de fidélité à l'Empereur.*

L'assemblée répéta d'une voix unanime : « *Nous le jurons.* »

Puis l'Empereur remit les aigles aux présidents des départements et des six arrondissements, ainsi qu'aux chefs de sa garde : « Soldats de la garde nationale de l'Empire, dit-il, soldats des troupes de terre et de mer, je vous confie l'aigle impériale aux couleurs nationales, vous jurez de la défendre au prix de votre sang contre les ennemis de la patrie et de ce trône! Vous jurez qu'elle sera toujours votre signe de ralliement! Vous le jurez! »

Cinquante mille hommes, gardes nationales ou armée

de ligne, unirent leurs voix en un seul cri : « *Nous le jurons!* »

Ceux-ci, du moins, ne faillirent pas à leur serment. Ils se firent tuer glorieusement pour la patrie.

Mais qu'advint-il, hélas! des ardentes protestations des autres, au jour de la grande catastrophe nationale?

Dix-huit jours après cette cérémonie grandiose, combien en resta-t-il, parmi ces députés, de fidèles à leur serment?

L'Empereur avait-il déjà ce jour-là le pressentiment de malheurs imminents? « Sous sa toque à plumes, dit
« M. Thiers, le beau visage de Napoléon était grave et
« presque triste. On cherchait en vain à ses côtés sa
« femme et son fils, et on sentait péniblement l'isolement
« produit autour de lui par l'inexorable volonté de l'Eu-
« rope. A la place de sa femme et de son fils, on voyait
« ses frères, rappelant des guerres funestes pour des
« trônes de famille, et parmi eux, Lucien seul trouvait
« grâce parce qu'il n'avait jamais porté de couronne. »

La Chambre des pairs et celle des représentants furent convoquées pour le 3 juin.

Dans sa séance du 4, la Chambre des représentants élut pour président le comte Lanjuinais.

La Chambre des pairs, réunie le 5 juin, sous la présidence du Prince Archichancelier, reçut communication de la liste des pairs nommés par l'Empereur en vertu du décret daté du 2 juin.

Les premiers noms de cette liste étaient :
Le prince archichancelier, président;
Le prince Joseph;
Le prince Louis;
Le prince Lucien;
Le prince Jérôme;
Le cardinal Fesch;
Le prince Eugène;
Le duc de Parme, etc., etc. [1].

Le compte rendu officiel de cette séance indique qu'à la suite de la lecture de cette liste, « S. A. I. le prince « Joseph fait observer qu'il y a une erreur de rédaction « dans la pièce qui vient d'être lue, puisque, conformé- « ment à l'article 6 de l'Acte additionnel aux Constitu- « tions, qui porte que les membres de la famille impé- « riale dans l'ordre de l'hérédité sont pairs de droit, il est « de droit membre de la Chambre des pairs. Cette « observation n'est pas contestée, et il en sera fait men- « tion au procès-verbal. »

A la Chambre des représentants du même jour, nous lisons le passage suivant :

---

[1] Voir la liste complète aux Pièces justificatives. — Pièce n° 9.

« M. le président communique à la Chambre une lettre
« qui lui est adressée par S. A. I. le prince Lucien.
« S. A. I. prie M. le président de faire part à l'Assemblée,
« que d'après les lettres closes de Sa Majesté il a pris
« séance dans la Chambre des pairs, et qu'en consé-
« quence il a donné sa démission de la Chambre des ré-
« présentants. La Chambre ordonne l'insertion de cette
« lettre au procès-verbal. »

Le 7 juin, l'Empereur, entouré des princes, ses frères,
des princes grands dignitaires, des ministres, des grands
officiers, des grands aigles de la Légion d'honneur et des
officiers de sa maison, se rendit au palais des représentants
pour y faire l'ouverture de la session des Chambres.

Le dimanche 11 juin, répondant à une députation de
la Chambre des représentants, l'Empereur annonça qu'il
partirait dans la nuit pour se rendre à la tête de ses armées.

En effet, il quitta Paris le 12 juin, à trois heures et
demie du matin.

Un décret, signé la veille, concernant *l'ordre général
de service pendant l'absence de l'Empereur* (Archives
nationales A E IV 842), porte : « Notre frère Lucien
« prendra séance dans tous les conseils qui auront lieu
« pendant l'absence de l'Empereur et y aura voix déli-
« bérative [1]. »

[1] Voir aux Pièces justificatives. — Pièce n° 10.

Nous avons donné en tête de ce travail les textes officiels des déclarations faites par le ministre de l'intérieur à la Chambre des pairs sur ces événements.

L'allocution du comte Carnot se terminait en annonçant que l'Empereur s'occupait des propositions à porter aux Chambres.

Sa Majesté envoyait effectivement, quelques heures plus tard, son frère, le prince Lucien, en qualité de commissaire extraordinaire, porter à la Chambre des pairs un message que le prince demanda à communiquer en comité secret[1].

Le 22, l'abdication de l'Empereur était annoncée aux Chambres, dans la déclaration dont nous avons publié le texte.

Et à la séance permanente du soir, à cette même Chambre des pairs, le prince Lucien, défendant l'hérédité du fils de l'Empereur, qui n'abdiquait qu'en sa faveur, se voyait contester par le comte de Pontécoulant le droit constitutionnel de parler dans cette assemblée, sous l'étrange prétexte *qu'il n'était pas Français*.

A quel trouble d'esprit, que pourrait, seul, expliquer l'affolement produit] par tant d'événements extraordi-

---

[1] Lire aux Pièces justificatives le compte rendu complet de ce comité secret. — Pièce n° 11.

... donné en tête ... ...entes offi-
... ...mations faites p... ...érieur
... Chambre des pairs sur ce... ...

L'allocution du comte Carn... ...
...nt que l'Empereur s'occupait des p...p... ...
...x Chambres.

Sa Majesté envoyait effectivement, quelques heures
plus tard, son frère, le prince Lucien, en qualité de commissaire extraordinaire, porter à la Chambre des pairs
un message que le prince demanda à communiquer en
comité secret.

Le 22, l'abdication de l'Empereur était annoncée aux
Chambres, dans la déclaration dont nous avons publié
le texte.

Et à la séance part... ... ...ême
Chambre des pairs, le prince Lucien, ... l'hé-
...té du fils de l'Empere... ... ...qu'en
...faveur, se voyait contester par le comte de Pontécoulant le droit constitutionnel de parler dans cette
...blée, sous l'étrange prétexte *qu'il n'était pas Français*.

...que trouble d'esprit, que pourrait, seul, expliquer
...ment produit par ... ...orde

... ... justific... ... ...
... ...èce n° ...

Le Prince Joseph Bonaparte

naires, faut-il attribuer une semblable aberration? Le prince Lucien, pas Français!

Outre le rôle capital qu'il a joué autrefois pendant le Directoire et le Consulat, on l'a vu, au retour de l'île d'Elbe, aux côtés de l'Empereur, mêlé aux Conseils, prenant part aux affaires de l'État, occupant, dans toutes les cérémonies et solennités, aux côtés de Napoléon, la place hiérarchique que lui désigne son rang dans la famille impériale; puis, nommé pair, dans l'ordre de sa naissance, avec ses frères Joseph, Louis et Jérôme, désigné dans tous les actes officiels comme Altesse impériale. Peut-on croire que l'Empereur, si rigide sur la discipline de sa famille, si rigoureux sur les préséances, eût toléré que l'on donnât ce titre à son frère dans les actes et journaux officiels, si ce titre lui eût paru une usurpation? Ne fallait-il pas que ce fût, dans son esprit, un droit restitué, acquis, indiscutable, pour qu'il ne s'y opposât pas?...

M. Thiers va même plus loin, et dit à propos de la formation des pairs : « Napoléon avait d'abord choisi ses frères Joseph, Lucien, Louis, Jérôme (lesquels, du reste, étaient pairs de droit), etc. »

L'article 6 de l'Acte additionnel porte, en effet, que les membres de la famille impériale, dans l'ordre de l'hérédité, sont pairs de droit. Le fait seul d'avoir été nommé à cette dignité au même titre que ses frères, dans un ordre d'hérédité, implique donc indiscutablement la reconnaissance de ce droit par l'Empereur.

Maintenant, qu'on nous permette de relater quelques détails d'une séance antérieure qui semblerait accuser certain désordre d'esprit, le jour où l'on faisait au Prince cette injustifiable sortie.

Dans la séance de la Chambre des pairs du 16 juin, où le prince Lucien avait fait une proposition lors de la discussion du règlement de la Chambre, M. de Pontécoulant, à deux reprises, se rangea à son avis, disant :

« Nous pouvons sortir de l'embarras où nous sommes « en adoptant la proposition du prince Lucien, etc., etc. »

Et ensuite :

« Je demande la priorité pour la proposition des trois « lectures, soit comme l'a présentée le prince Lu- « cien[1], etc., etc. »

Pourquoi, ce jour-là, M. de Pontécoulant ne s'avisait-il pas que le prince Lucien, n'étant pas Français, n'avait aucun droit à discuter le règlement intérieur d'une Chambre française?

Il le reconnaissait donc, alors, comme apte à conseiller cette Chambre, par conséquent comme Français?...

Et six jours après, il ne lui reconnaissait plus cette

[1] *Moniteur universel* du 18 juin 1815, n° 169, p. 697.

qualité de Français, et cherchait à étouffer sa voix lorsque le Prince rappelait les constitutions de l'Empire et les serments enthousiastes du Champ de Mars.

On avouera que de telles contradictions ne s'expliquent que par une fâcheuse instabilité d'équilibre de la raison.

Le lendemain, la séance de la Chambre des représentants se termina par la délibération suivante :

La Chambre des représentants passe à l'ordre du jour motivé « sur ce que Napoléon II est devenu Empereur « des Français par le fait de l'abdication de Napoléon I*er* « et par la force des constitutions de l'Empire ».

Cet ordre du jour est acclamé à la fois par l'Assemblée et les tribunes; le cri de : *Vive l'Empereur!* se prolonge au milieu des plus vifs applaudissements.

Mais la grande épopée était terminée. La trahison veillait et paralysait ce suprême effort du colosse terrassé.

Les négociations pour la paix étaient entamées. Paris ouvrit ses portes, et Louis XVIII, ramené par la coalition, y rentra le 8 juillet.

Le 15 juillet, le grand Empereur se rendait à bord du *Bellérophon,* se confiant à la loyauté et à la générosité d'une grande nation. On sait comment le gouvernement anglais traita le héros foudroyé.

Le 16 octobre, Napoléon abordait à Sainte-Hélène, son tombeau.

Dans la brochure dont nous avons déjà parlé : *La Vérité sur les Cent-Jours,* nous trouvons de bien intéressantes confidences et de curieuses observations sur l'état d'esprit de l'Empereur devant l'attitude factieuse de l'une des Chambres :

« Le chef de l'État, dit le Prince, par l'envoi de ses
« ministres et d'un commissaire extraordinaire dans le
« sein des Chambres, avait, pour ainsi dire, abdiqué son
« pouvoir ; il reconnaissait de fait l'usurpation d'une des
« Chambres et sa transformation en Convention natio-
« nale; notre seule présence sur la sellette rendait toute
« éloquence impuissante. Si l'Empereur avait voulu le
« moins du monde user de ses droits constitutionnels,
« notre mission eût été une fausse démarche; mais il
« avait quité son camp pour essayer de réunir tous les
« efforts contre les envahisseurs; décidé à ne pas relever
« le gant de la guerre civile, il voulut tenter encore un
« rapprochement : ce fut le dernier sacrifice offert par
« lui sur l'autel de la Concorde. Ceux qui repoussèrent
« toutes ses démarches se conduisirent-ils comme devaient
« le faire les représentants du peuple français ? Hélas!
« ils se conduisirent (sans doute à leur insu, pour la plu-

« part) comme les alliés de Blücher et de Wellington.

« — Allez, nous dit-il, et parlez de l'intérêt de la
« France, qui doit être cher à tous ses représentants :
« à votre retour, je prendrai le parti que me dictera mon
« devoir.

« Nous remplîmes notre mission, incertains du parti
« que prendrait l'Empereur. Avant de le quitter, je me
« promenai seul avec lui dans le jardin de l'Élysée; une
« foule immense couvrait les alentours de ce jardin; et
« chaque fois que nous arrivions au bout de la grande
« allée, d'où le peuple pouvait le voir, un seul cri formé
« de vingt mille cris saluait l'Empereur; on lui deman-
« dait des armes pour marcher contre ses ennemis;
« hommes, femmes, enfants, se jetaient à genoux et ten-
« daient des mains suppliantes. Oui, c'étaient bien des
« enfants qui suppliaient leur père de ne pas les aban-
« donner. Un mot, et les ennemis de l'Empereur eussent
« succombé; un mot, et la guerre civile eût ajouté ses
« horreurs à celles de la guerre étrangère.

« Au milieu de ce concert d'enthousiasme populaire,
« combien peu d'hommes eussent pu maintenir leur âme
« dans ce calme dont la sublime expression éclatait alors
« sur les traits de Napoléon! Subjugué par la circon-
« stance, j'interrompis un silence de plusieurs minutes
« en lui disant :

« — Eh bien! vous entendez ce peuple! Il en est ainsi
« par toute la France; l'abandonnerez-vous aux factions?

« — Suis-je plus qu'un homme, me dit-il en s'arrê-
« tant et répondant par un salut de la main aux cris
« d'enthousiasme de la foule; suis-je plus qu'un homme,
« pour ramener mille députés égarés à l'union qui peut
« seule nous sauver, ou suis-je un misérable chef de parti,
« pour allumer inutilement la guerre civile? Non, jamais!
« En brumaire, nous devions tirer l'épée pour le bien de
« la France; pour le bien de la France nous devons aujour-
« d'hui jeter cette épée loin de nous! Allez essayer de
« ramener les Chambres; je puis tout avec elles, je pour-
« rais beaucoup sans elles pour mon intérêt, mais je ne
« pourrais pas sauver la patrie. Allez, je vous défends
« surtout de haranguer en sortant ce peuple qui me
« demande des armes. Je tenterai tout pour la France; je
« ne veux rien tenter pour moi!

« Telles sont les paroles qui sortirent alors de la bouche
« de Napoléon. Mes yeux se remplirent de larmes, et,
« pour la première fois de ma vie, je tombai à ses genoux,
« admirant du fond du cœur ce père de la patrie trahi,
« méconnu par des représentants égarés. Nous nous ren-
« dîmes à la Chambre; nous traversâmes en silence les
« vagues agitées de cette multitude exaspérée; nous rem-
« plîmes la mission que le chef de l'État nous avait con-
« fiée, et nous retraversâmes la foule en silence. Je

« l'affirme encore, un mot, et les ennemis de l'Empereur
« eussent succombé. »

L'intérêt de ce drame poignant, d'une grandeur shakespearienne, de cette agonie du héros le plus extraordinaire des temps modernes, est si saisissant, que l'on recherche avec avidité tous les détails sur cet écroulement du colosse. Nous avons été assez heureux pour être mis en possession du récit d'un témoin de la scène si émouvante où l'Empereur, malgré les avis contraires de ses proches, et particulièrement du prince Lucien, se résout à abdiquer. Nous nous reprocherions de ne pas apporter à l'histoire de ces heures tragiques ce document véridique et inédit.

Comme il est dit au paragraphe précédent, donc, le prince Lucien se rendit à la Chambre.

Ici, nous laissons la parole au témoin.

« Les séances avaient pris une animation passionnée et décelaient une hostilité grandissant d'heure en heure. On n'en dissimulait pas le but, l'abdication de notre grand capitaine, au moment où le bélier ennemi frappait aux portes de notre capitale. Lafayette, l'illustre brouillon dont Washington a dit avec tant de perspicacité : *Bon cœur, tête de rien,* conduisait les meneurs parlementaires et autres, qui se proposaient d'écarter définitivement l'Empereur. Il eut avec le prince Lucien, nommé pour lors commissaire impérial, une violente altercation. Après une courte discussion où il affecta de prendre un ton rogue et tranchant, comme quelqu'un qui se croit soutenu par une force irrésistible, il se permit, dans un groupe de députés, de lancer ce propos au Prince :

« — Dites à votre frère de nous envoyer son abdication. Sinon nous lui enverrons sa déchéance.

« — Et moi, s'écria Lucien, je vous enverrai La Bédoyère avec un bataillon de la garde.

« Lucien courut rendre compte à son frère de ce qu'il appelait déjà une rébellion, et il le trouva conférant avec Carnot, Bassano et d'autres ministres et officiers militaires de sa maison. Quand il eut exposé la situation et rapporté exactement les paroles séditieuses de Lafayette, l'Empereur se recueillit et parut au moins aussi indécis qu'il le fut au 18 brumaire. Il s'écria que le long éloignement de Paris avait dû nuire à sa perspicacité; que les temps n'étaient plus les mêmes, et que recourir à une dissolution, à laquelle on résisterait peut-être, ce serait forcer la situation, courir à la guerre civile, etc., etc.

« — Vous conviendrez, lui dit Lucien, que je n'ai pas été trop mal inspiré le 18 brumaire. Vous ne vous êtes pas trop mal trouvé d'avoir suivi mon conseil. Le pays nous a approuvés, il vous a acclamé, mais il n'en est pas moins vrai que légalement nous n'avions pas le droit alors de prendre des mesures, salutaires sans doute, mais qui n'étaient ni plus ni moins qu'une révolution. Quelle différence aujourd'hui! Vous avez tous les pouvoirs. L'étranger marche sur Paris. Jamais dictature, dictature militaire ne fut plus légitime. Vous renfermer dans un rôle de longanimité inopportune, ce serait défaillir, vous livrer, vous, les vôtres et la France de la révolution, à des ennemis acharnés et capables de tout. N'attendez pas de les voir à l'œuvre! Mon cœur saigne rien qu'à l'idée de ce qu'ils nous réservent!...

« — Eh bien, mon cher Lucien, répondit l'Empereur, au 18 brumaire, nous n'avions pour nous que le *salus populi suprema lex*, et pourtant, quand nous avons demandé un bill d'indemnité, une immense acclamation nous a répondu. Aujourd'hui, nous avons tous les droits possibles; mais si j'en usais et que je le sollicitasse encore, ce bill d'indemnité, on me répondrait par une mise en accusation... Non, puisque la haine les aveugle au point de ne pas discerner que, seul, je pourrais conduire les opérations pour libérer notre territoire, je leur accorde l'abdication qu'ils sollicitent. Prince Lucien, prenez la plume.

« Dits d'un ton impératif, ces derniers mots ne souffraient pas d'hésitation. Le Prince obéit; il s'assit, trempa une plume, et la tenant suspendue sur une grande feuille de papier ministre, attendit.

« Les premiers mots de l'abdication n'avaient pas été

prononcés que Lucien se leva d'un soubresaut, en repoussant sa chaise avec bruit; il frappa la plume contre la table où elle se brisa, et la jeta avec colère; il s'en allait, quand l'Empereur, d'un ton qui implorait autant qu'il ordonnait, s'écria :

« — Restez !

« Et l'abdication fut signée. »

Le jour même de l'installation du gouvernement provisoire, le prince Lucien reçut l'ordre de sortir du territoire français. Il se rendit à Boulogne, espérant pouvoir trouver passage pour Londres, où il se proposait d'aller demander des passe-ports pour les États-Unis; c'était là que toute sa famille avait résolu de chercher le refuge.

Un ami du prince, M. de Châtillon, qui a été son compagnon de captivité et le témoin des actes importants de sa vie, le suivit dans ce nouvel exil. Il a laissé, de cette tentative d'embarquement, une relation fort intéressante et absolument inédite que nous offrons à nos lecteurs :

« Après le départ de l'Empereur, Fouché ayant été nommé président du gouvernement provisoire, le prince Lucien m'ordonna d'aller lui demander les passe-ports qui devaient favoriser sa résolution de quitter la France, pour retourner en Italie, auprès de sa femme et de ses enfants.

Il avait décidé que je l'accompagnerais dans ce voyage.

« Je trouvai le duc d'Otrante parfaitement disposé à faire ce que le prince pouvait désirer, dans l'intérêt de sa sûreté. Il me dit qu'il avait déjà pensé aux passe-ports qui pouvaient nous être utiles, soit que nous prenions la mer ou non. Il en avait deux pour le Prince et deux pour moi, et il me les remit de suite. Le premier était au nom du Prince; le deuxième, au nom de M. Boyer, son parent; le troisième portait mon nom; et le quatrième, celui du marquis Rocca-Priora.

« — Celui qui vous sera le plus utile, me dit Fouché, et que vous vous bornerez à montrer, à moins de nécessité absolue de produire les autres, est le passe-port portant votre nom et votre titre, comte de Châtillon, avec l'indication que vous seriez inspecteur général des postes de France, chargé d'une mission spéciale en Angleterre. Avec ce passe-port, vous avez la faculté d'aller partout, sur terre et sur mer, à votre volonté. Le passe-port au nom du Prince ne vous servira que s'il avait besoin de constater son identité. Celui qui porte le nom de M. Boyer est pour le Prince, afin qu'il puisse prendre la qualité de votre secrétaire. Le dernier enfin, au nom du marquis Rocca-Priora, vous fera passer, au besoin, pour un seigneur italien retournant dans ses terres, le Prince restant toujours votre secrétaire. Je pense qu'avec un peu d'adresse vous ne serez nullement inquiétés. Il ajouta, en clignant de l'œil et en enflant une joue avec la langue, suivant son habitude : — J'ai tout lieu de croire que votre passe-port d'inspecteur général fera merveille, et que, reconnût-on le Prince, les autorités ne se donneront pas l'embarras de l'arrêter.

« Je remerciai Fouché, et il me pria de faire part au Prince de ses bons sentiments et de ses regrets.

« — Je ne sais comment je m'en tirerai, me dit-il encore. On se sert de moi forcément, mais je serai brisé.

« En rentrant au Palais-Royal, résidence que le Prince n'avait pas quittée, la foule qui ordinairement y stationnait me parut de beaucoup grossie. J'y apercevais de ces figures qui, dans tous les mouvements politiques, sont aux ordres de qui les paye, sauf à trahir leur bailleur de fonds, s'ils trouvent une meilleure affaire. Ils se parlaient bas, regardaient les fenêtres du palais, et je remarquai surtout un groupe, arrêté au bas du grand escalier, et se disposant à le monter.

« Cependant, les factionnaires leur en imposaient ; et il faut rendre justice au commandant de la place de Paris, le général Pajol, dont les mesures efficaces empêchèrent tout attentat contre la famille de l'Empereur, jusqu'à son départ. Je crus prudent de ne point pénétrer dans les appartements par le grand escalier. Je pris la rue de Valois et j'entrai par la porte secrète où était l'escalier dérobé conduisant au logement du Prince. Je le trouvai entouré d'officiers de toutes armes et des principaux fonctionnaires de sa maison, parmi lesquels j'aime à citer son second écuyer, M. le vicomte Lemercier, dont le constant dévouement mérite une mention, dans la situation critique que je relate. Digne de remarque était aussi le zèle de notre ami Sapey, s'augmentant en raison des adversités de celui qu'il aimait autant qu'il l'admirait; Sapey, homme de cœur et de conviction, vint offrir au Prince tout ce qu'il possédait et le serrer dans ses bras avant de s'en séparer. Le Prince fut satisfait des passeports envoyés par Fouché, et il nous annonça que le lendemain, à la pointe du jour, il partirait pour la villa de la princesse Pauline, à Neuilly. Il commanda à Lemercier de tenir sa calèche prête, à la porte de l'escalier dérobé donnant dans la rue de Valois. Avant de se retirer pour prendre quelque repos, il remercia les officiers de sa maison du dévouement qu'ils n'avaient cessé de lui montrer.

« Aidé de ces messieurs, je dressai une sorte de bivouac dans le salon qui précédait la chambre à coucher du Prince; nous nous étendîmes sur les canapés, nos armes près de nous, et nous attendîmes l'aube.

« Les portes du palais avaient été fermées à dix heures du soir. La garde avait fait évacuer les cours de la foule enragée qui s'y trouvait; mais elle resta et s'agita sur la place du Palais-Royal, et ne se retira qu'à deux heures après minuit.

« Jusqu'au jour, tout fut tranquille. Le Prince sortit de son appartement, en habit de voyage, et offrit à chacun de ses officiers des marques de son souvenir. Suivi seulement du vicomte Lemercier et moi, il descendit par l'escalier dérobé, et nous montâmes dans la calèche qui attendait à la petite porte. Il fut contrarié de voir que c'était une magnifique voiture que Lemercier avait fait atteler, sans se préoccuper si elle ne donnerait pas trop dans l'œil. Toutefois, le temps pressait, et il fallut s'en contenter.

« Il n'y avait dans la rue que des maraîchers revenant de la halle. Ils reconnurent le Prince et le saluèrent discrètement. Lemercier monta à cheval et nous escorta jusqu'à Neuilly. Nous entrâmes dans cette délicieuse villa que la princesse Borghèse avait fait arranger dans le goût oriental[1]. Le souvenir des charmantes fêtes qu'elle y avait données était toujours vivant, et contrastait mélancoliquement avec la gravité de notre situation actuelle. Le Prince me chargea de faire tout apprêter pour son départ, fixé au lendemain, à quatre heures du matin.

« — Nous avons encore, ajouta-t-il, une affaire importante à terminer. Je n'ai point d'argent; les dépenses du Palais-Royal m'ont coûté deux cent cinquante mille francs, et l'Empereur ne m'a pas donné un sol.

---

[1] Voir aux Pièces justificatives. — Pièce n° 13.

« Il réfléchit ; puis, toujours froid devant les faits accomplis, quels qu'ils fussent, il ne s'écarta pas de sa prévoyance habituelle, clairvoyante et active.

« — Je vais, dit-il, écrire à l'Empereur, à la Malmaison. Je ne lui demanderai pas ce qu'il lui serait impossible de m'accorder, le remboursement des sommes que j'ai versées sans regret entre ses mains, pour notre héroïque et malheureuse armée ; mais seulement un ordre signé par lui, pour qu'on me rende les deux cent cinquante mille francs que j'ai avancés à la liste civile, pour le Palais-Royal, et qui, avec la terre de Canino, sont à peu près tout ce qui me reste. L'Empereur a toujours le droit de les réclamer, et j'espère qu'il ne me refusera pas ce dernier acte de justice. Fouché fera acquitter la dette au Trésor. Prenez le cheval de Lemercier ; vous serez le porteur de ma dépêche ; l'ordre signé par l'Empereur, vous le présenterez, en toute hâte, à Fouché. Nous pouvons compter sur un reste de pudeur de sa part. Je vous attends à six heures, et nous dînerons, pour la dernière fois, avec notre ami Lemercier.

« Le cheval de celui-ci était resté sellé et bridé, et je partis comme un trait. Les rois Joseph et Jérôme avaient quitté Paris avant nous. Le premier s'était dirigé vers le Havre, où un vaisseau américain l'attendait, et sur lequel il n'avait pas encore perdu l'espoir de voir l'Empereur s'embarquer.

« Quant au roi Jérôme, il avait pris le chemin d'Allemagne. Madame Mère, elle, était restée auprès du plus grand et du plus infortuné de ses fils.

« Je fus vite aux portes de la Malmaison, et le spectacle qui s'offrit à mes yeux me navra le cœur. Dans le parc, autour du château, sur le gazon, bivouaquaient les débris de ces invincibles grenadiers de la garde impériale qu'on a si justement salués du nom d'immortels. L'âme contristée, l'œil morne, soucieux, leur attitude gardait l'empreinte du courage et de la colère. Je lisais sur leur front, dont les muscles se contractaient, rapprochant leurs sourcils, qu'ils n'avaient pas d'autre volonté que celle de défendre leur idole jusqu'à la dernière extrémité, et de mourir pour lui. Leur vue me faisait mal. Je sentis dans ma poitrine un poids qui me suffoquait ; j'atteignis, à moitié étourdi, la porte du palais, et, en mettant pied à terre, je faillis tomber à la renverse. Je présentai ma carte au suisse, en le priant de la faire remettre au maréchal Bertrand. Bientôt, je vis celui-ci accourir à ma rencontre, me demander avec empressement ce qui m'amenait, et chercher à deviner, sans attendre ma parole, ce que je pouvais désirer.

« — Je suis chargé d'une lettre, lui dis-je, que le prince Lucien veut que je remette à l'Empereur, en main propre. Voulez-vous, monsieur le maréchal, avoir la bonté de m introduire auprès de Sa Majesté ?

Le prince Lucien Bonaparte.

« Qu'est-ce roi Jérôme, ... d'Allemagne, Madame Mère, ...
grâce ...... du plus infortuné de ses fils.

« ..... tous vite aux portes de la Malmaison, et le spectacle
qui s'offrit à mes yeux me .... Dans le parc,
..... du château, sur le gaz........ ....
... bris de ces invincibles grenadiers de la garde impériale qu'on a si justement salués du nom d'immortels.
L'âme contristée, l'œil morne, soucieux, leur attitude
gardait l'empreinte du courage et de la colère. Je lisais
sur leur front, dont les muscles se contractaient, rapprochant leurs sourcils, qu'ils n'avaient pas d'autre volonté
que celle de défendre leur idole jusqu'à la dernière
extrémité, et de mourir pour lui. Leur vue me faisait
mal. Je sentis dans ma poitrine un poids qui me suffoquait ; j'atteignis, à moitié étourdi, la porte du ......
et, en mettant pied à terre, je faillis tomber à la renverse. Je présentai ma carte au suisse, en le priant de la
..... remettre au maréchal Bertrand. Bientôt, je vis
celui-ci accourir à ma rencontre, me demander avec
empressement ce qui m'amenait, et chercher à deviner,
sans attendre ma parole, ce que je pouvais désirer.

« — Je suis chargé d'une lettre, lui dis-je, que le prince
Lucien veut que je remette à l'Empereur, en ......
propre. Voulez-vous, monsieur le m........ .....
bonté de m'introduire auprès de Sa Majesté ......

Le Cardinal Lucien Bonaparte

« — L'Empereur dort, répondit-il ; mais entrez au salon, et, dès que Sa Majesté sonnera, je lui ferai part de votre mission.

« En promenant les yeux autour de moi, je reconnus les comtes de Las Cases, Montholon, de Turenne, et plusieurs autres officiers. Je causai avec eux des nouvelles du jour, en attendant le réveil de l'Empereur. Une tristesse désespérante se lisait sur les visages abattus de ces amis généreux. Ils me faisaient l'effet d'assister à une auguste agonie.

« Une demi-heure ne s'était pas écoulée que nous entendîmes la sonnette de l'Empereur. Le maréchal Bertrand alla à lui, lui annonça la lettre du prince Lucien, et je fus admis. Ce que j'éprouvai en revoyant, dans ces conjonctures, le grand Napoléon ne peut se dépeindre, et ce déchirant souvenir ne me quittera qu'au tombeau. Tel qu'un colosse de génie et de gloire, foudroyé par le ciel, sa belle tête gardait intacte toute sa majesté. Son corps était affaissé ; assis sur une chaise, les deux pieds sur une autre, il semblait paralysé, tandis que son regard flamboyait. Je crus à son âme divine, luttant contre son enveloppe mortelle.

« Il tourna nonchalamment la tête de mon côté, ses yeux prirent une étrange expression de douceur, bien que ses prunelles scintillassent comme des escarboucles, en proie qu'il était à une fièvre ardente.

« — Ah! c'est vous, Châtillon, me dit-il. Vous venez de la part de Lucien. Comment se porte-t-il?

« — La santé du Prince est assez bonne.

« — Je ne suis pas content de la mienne. Patience! Vous avez une lettre à me remettre?

« — Oui, Sire, le Prince m'a fait l'honneur de me charger de la présenter à Votre Majesté.

« Devant ce sublime malheur, moi qui n'ai jamais fait de bassesse, je l'atteste, je fléchis un genou, et, dans cette posture, je lui tendis la dépêche. Il me regarda tendrement, c'est le mot, et me fit signe de me relever; il prit la lettre et l'ouvrit, comme un enfant, en la chiffonnant. Pendant la lecture, de temps en temps, son mouvement de tête marquait l'approbation.

« — Cette réclamation est juste, dit-il en me regardant. Je la signerai, et le vice-roi Fouché la fera acquitter, sur ma signature.

« Je me plaçai bien en face de lui, afin de lui épargner de tourner la tête en me parlant. Il continua :

« — Lucien vient-il avec moi? Quel est son dessein?

« — Sire, je l'ignore. Le Prince est arrivé ce matin au château de Neuilly, fuyant le Palais-Royal, qui n'était plus tenable. Les royalistes l'avaient envahi; leurs propos insultants, leurs menaces dépassaient toute mesure.

« — Je pensais que Fouché les contiendrait, reprit

l'Empereur, et son front se contracta. Savez-vous quelque chose de Joseph, de Jérôme ?

« — Le roi Joseph a pris la route du Havre, où l'attend un vaisseau américain. Il compte que Votre Majesté le rejoindra, et qu'à la faveur du pavillon et de la brume, vous pourrez échapper aux Anglais. Dans ce cas, le prince Lucien vous suivra.

« L'Empereur dressa la tête, et, me regardant fixement :

« — J'y ai réfléchi, dit-il. Puis, d'une voix plus accentuée : — Je ne quitterai pas la France en fuyard, mais en souverain. Je vais m'embarquer sur un navire de guerre. Que Lucien passe en Angleterre ; nous nous y retrouverons.

« Il prit la lettre du Prince, y ajouta l'ordre à Fouché de faire payer les deux cent cinquante mille francs, et me la rendit. Puis il me tendit la main ; je la saisis, et je la baisai plusieurs fois, avec transport... Je ne devais plus revoir le grand homme !

« Le cœur gonflé de larmes, je rentrai au salon, j'embrassai tous ces amis à l'épreuve, compagnons de la bonne et de la mauvaise fortune, et, remontant à cheval, je gagnai Paris, où je trouvai Fouché dans toutes les tribulations de son gouvernement provisoire.

« Il fut surpris de me revoir. Je lui dis qu'une affaire importante m'amenait. Je lui remis la lettre du Prince, avec l'ordre signé par l'Empereur de lui payer les deux cent cinquante mille francs qui lui étaient dus pour les dépenses du Palais-Royal. Justice lui soit rendue : il n'hésita pas un instant. S'il avait fallu remplir toutes les formalités de rigueur, jamais le prince Lucien n'eût touché son argent. Moi-même, je n'étais point muni de la procuration qu'il m'aurait fallu pour m'autoriser à recevoir et à donner quittance au nom du Prince; bref, malgré le rôle politique qu'il jouait en ce moment, rôle si durement qualifié par l'Empereur, Fouché se comporta en ami de sa famille. Il ne souleva aucune difficulté.

« — Il en est encore temps, dit-il; et prenant la plume, il écrivit un mandat qu'il signa. En me le remettant, il me pria de ne pas l'oublier auprès du Prince, et il m'assura de la profonde estime qu'il avait pour ses grands talents et pour son noble caractère.

« Je me rendis de suite au Trésor. La somme réclamée y fut immédiatement acquittée, et je ne tardai pas à retourner à Neuilly. Le Prince, fort satisfait du résultat de ma mission, me demanda tous les détails de mon entrevue avec son frère.

« — Me voilà, pour le moment, à l'aise, me dit-il. Je suis à même d'aller où je voudrai; mais le pauvre Empereur ! Hélas ! peut-il s'aveugler au point de se livrer à ses plus cruels ennemis !

« Après le dîner, Lemercier fit ses adieux au Prince,

qui le chargea de plusieurs commissions pour Paris. Il lui recommanda spécialement de visiter Madame Mère et de présider à tous ses apprêts de départ, pour que rien, en route, ne lui fît défaut.

« Le lendemain, à quatre heures du matin, au galop de quatre chevaux de poste attelés à l'élégante calèche, courrier en avant, courrier en arrière, nous étions sur la route de Boulogne-sur-Mer.

« — Ce train est trop princier, me disait mon illustre compagnon de voyage, et il pourra nous jouer quelque mauvais tour. Dans tout ce chaos politique, il conservait sa gaieté et l'humeur la plus égale.

« — Il faut gagner l'Angleterre, me disait-il. Mes quatre années de captivité ont pu m'acquérir quelque estime chez les Anglais. J'y rencontrerai beaucoup d'anciens amis; et si je m'y trouve bien, j'y ferai revenir ma femme et mes enfants. Nul doute que l'Empereur ne devienne leur prisonnier, car ils couleront, au besoin, les bâtiments américains où il se réfugiera. Comme vainqueurs, ils seront peut-être généreux, mais je ne le pense pas. Si Castlereagh ne lui accorde pas la permission de débarquer... oh ! alors, c'en est fait de lui. On le conduira sur quelque rocher solitaire, au milieu de l'Océan, et l'infortuné périra, abreuvé de chagrins et de dégoût.

« C'était une prophétie !

« Nous déjeunâmes à Beauvais. Notre calèche faisait

fracas et me contrariait. Cependant, jusqu'à Abbeville, où nous devions dîner, tout se passa tranquillement. En arrivant à l'auberge, je vis des groupes se former autour de la calèche. La curiosité y était pour quelque chose; mais, en observant les physionomies, j'en distinguai beaucoup de mauvaises. Le maître de l'hôtel me demanda mon passe-port, et lorsqu'il lut l'indication du poste éminent d'inspecteur général des postes de France, chargé d'une mission spéciale en Angleterre, il mit chapeau bas et ne fit aucune attention au Prince, qui, coiffé d'une casquette enfoncée jusqu'au milieu de la figure, était méconnaissable. Là, je l'interpellai de quelques paroles dures, et me fis servir en maître. Le bavardage de l'hôtelier sur la haute position indiquée par mon passe-port avait calmé la multitude. Soit crainte, soit conviction que nous n'étions pas des fuyards, elle se dispersa.

« Je me méfiais d'un certain M. Merville, ultra-royaliste, bien connu comme tel. Sous-préfet d'Abbeville, Carnot l'avait fait surveiller, depuis le retour de l'île d'Elbe, en attendant de le destituer. Satisfait du rapport de l'aubergiste, il ne parut point. Nous dînâmes à la hâte, et nous reprîmes le chemin de Boulogne, où nous arrivâmes d'assez bon matin, ayant couru toute la nuit. J'engageai le Prince à se coucher jusqu'au déjeuner, et, d'après son ordre, toujours muni du fameux passe-port qui faisait des miracles, j'allai me présenter au préfet de Boulogne, en lui annonçant que je désirais fréter un paquebot, afin de me rendre en Angleterre.

« Je fus reçu par le préfet avec tous les égards dus à mon importante mission. Il me conduisit lui-même au port, me présenta au commandant maritime et me mit en rapport avec un capitaine de paquebot, enchanté de recevoir vingt-cinq louis d'arrhes, et m'invitant à faire expédier nos bagages le plus tôt possible. Le préfet m'invita à dîner, ce que je refusai, et pour cause ; je le saluai, ainsi que le commandant maritime, et je rentrai à l'auberge.

« A peine arrivé, je fus assailli par plusieurs familles anglaises, hommes du meilleur ton, dames et demoiselles charmantes. Parmi eux, quelques types de John Bull les embellissaient encore par le contraste. Cette foule de gens fashionables me sollicitaient, me pressaient de leur accorder passage sur mon paquebot. Depuis la bataille de Waterloo, l'embargo avait été mis sur tous les bâtimens en rade de Boulogne. Tous mes insulaires déclaraient qu'ils me voueraient une éternelle reconnaissance, si je consentais à les prendre à mon bord. Je fus obligé de jouer les *premiers violons,* et, dans la conviction que le Prince aimerait à rendre service aux Anglais, à qui il allait demander asile, le passage leur fut accordé.

« Au bruit de ces pourparlers, Pippo, le valet de

chambre du Prince, était descendu. Je n'ai jamais rien connu de plus peureux que ce jeune Italien. Le moindre rassemblement, la vue de deux gendarmes sur le grand chemin, le faisaient trembler. Au lieu de veiller à la sûreté de son maître, on le trouvait caché dans quelque coin, d'où rien ne l'aurait fait sortir s'il s'était imaginé qu'il courait quelque danger. Joli homme, très soigneux de sa personne, qu'il évaluait au-dessus de tout, fort soumis, très attentif à son service, le Prince n'avait pas voulu s'en séparer. A vrai dire, en beaucoup de choses, c'était un serviteur modèle; excellent coiffeur, il avait, en outre, un talent de tailleur des plus remarquables, et la coupe élégante des vêtements que parfois il confectionnait le disputait à Humann lui-même, tant prôné des élégants du jour. Cependant, sa poltronnerie et son égoïsme faillirent occasionner notre perte. Effrayé, d'abord, du bruit que faisaient les Anglais, il s'était rassuré en apercevant les personnes distinguées qui m'entouraient. Il se mêla à la conversation, et, avec la plus impardonnable légèreté, il me dit tout haut, heureusement en italien, que le Prince dormait encore et qu'il allait s'arranger pour que le déjeuner fût prêt à son réveil. En vain lui fis-je signe de se taire. Il s'aperçut trop tard de son imprudence, et, quand il en eut conscience, il fut tellement ahuri, terrifié, qu'il s'enfuit comme un voleur. Notre bonne étoile voulut que de tous les nombreux assistants il n'y eût qu'un parfait *gentleman*, appelé M. Coxon, qui comprît l'italien. Il demanda à Pippo : « Quel prince ? ah ! c'est un prince ? » et notre mystère risquait fort d'être dévoilé. J'allai résolûment à lui, et, le prenant par un bouton de son habit, je le tirai à l'écart. Je fis un chaleureux appel à sa générosité, je lui expliquai la maladresse du misérable Pippo, et il me promit, bien qu'en ricanant un peu, ce qui ne laissa pas que de m'inquiéter, de ne pas nous trahir. Il tint parole. Cependant, malgré la réserve de mon aveu, car je ne lui avais parlé, en général, que d'un haut personnage politique, contraint de se réfugier en Angleterre, il se douta qu'il s'agissait d'un prince de notre famille impériale ; — mais il poussa la courtoisie jusqu'à éviter de nous parler davantage. Honneur, trois fois honneur à ce digne et noble Anglais !

« Le déjeuner servi, le Prince ne tarda pas à paraître. Il était mélancolique et pensif. Cette disposition inaccoutumée de son esprit me surprit. Il me demanda si j'avais retenu le paquebot.

« — Avec tous les honneurs de la guerre, répondis-je. Le passe-port de Fouché a fait merveille. Le préfet, les employés de la marine et tout ce qui relève d'eux, sont venus au-devant de ce que je pouvais exiger.

« Voyant toujours soucieux mon illustre convive, je pris sur moi de lui en demander la cause.

« — Je ne puis pas dire, répondit-il en souriant, que la nuit porte conseil, puisque j'ai dormi pendant le jour; mais j'ai changé de projet, c'est en se réveillant qu'on a des idées lucides. Ces idées sont que l'Empereur sera pris par les vaisseaux qui lui barrent le passage; qu'on ne lui permettra pas de débarquer en Angleterre, et qu'on le conduira à Sainte-Hélène. Ce dessein a transpiré pendant son séjour à l'île d'Elbe. Si je n'étais pas rentré en France et que je n'eusse servi Napoléon de tout mon pouvoir durant les Cent-Jours, oh! alors je ne pourrais être inquiet de mon séjour en Angleterre. J'y serais reçu à bras ouverts; mais le roi George et Castlereagh doivent être devenus mes ennemis. Ils sont implacables, et je ne doute pas que leur volonté serait de me faire partager la captivité de l'Empereur sur cet horrible rocher.

« — Je ne puis le croire, lui répondis-je. Les Anglais sont pleins d'estime pour Votre Altesse.

« — En politique, mon cher, les antécédents ne comptent pas. Machiavel nous dit qu'il faut toujours faire plutôt plus que moins. Puis, pensez-vous au sort de ma femme et de mes enfants, si on me traitait de la sorte? Non, non, je veux les revoir, retourner à Rome, sous la protection de l'excellent Pie VII.

« — Et le paquebot? lui dis-je.

« — Eh bien, le paquebot, on le décommandera, en laissant les arrhes au capitaine. Envoyez-y le courrier, qui, à son retour, commandera six chevaux de poste, et qu'il fasse atteler de suite. Je reprends le chemin de Rome.

« Il n'y avait pas d'objections à faire à de si bonnes raisons. L'idée de retourner à Rome m'enchantait. L'espoir de voir renaître la douce vie des arts faisait pâlir l'odieuse politique. Je fis appeler le courrier et lui transmis les ordres du Prince.

« A cinq heures, nous nous trouvions sur la route de Paris. Le Prince avait le projet de le contourner, et cependant il voulait juger si le gouvernement provisoire se mettait en mesure de résister aux alliés. Nous apercevions déjà, avec nos lunettes d'approche, quelques-uns de leurs éclaireurs courant la campagne. Le gros des troupes ennemies devait être près d'Amiens, mais nous avions sur lui assez d'avance pour arriver à Paris sans qu'il nous inquiétât.

« Le jour tombait, nous n'étions pas éloignés d'Abbeville. Me rappelant les intentions hostiles du sous-préfet Merville, il était urgent de ne pas s'y arrêter. Lorsque nous y entrâmes, il faisait nuit, les chevaux étaient prêts à la porte, et nous dépassâmes la ville en un clin d'œil. Le Prince s'était endormi; moi, je veillais, mes pistolets et un sabre à mes côtés. Soudain, aux premiers rayons du soleil, j'aperçois à cinquante pas de la calèche trois hommes dont je ne pouvais pas bien distinguer le costume. Nous allions un train d'enfer, mais je vis bientôt que celui de ces trois hommes qui se trouvait entre les deux autres portait un habit brodé. Ses compagnons n'étaient ni plus ni moins que des gendarmes. Il fit signe au postillon de s'arrêter, et je ne doutai plus que nous étions reconnus et qu'on allait s'emparer de nous. Je réveillai le Prince et lui montrai cette espèce de fonctionnaire public, tout brodé, et les gendarmes s'avançant vers notre voiture.

« — Nous sommes pris, nous dit le Prince fort tranquille, et nous allons probablement être conduits dans quelque forteresse de Hongrie, où nous finirons notre *villégiature*.

« Quel fut notre étonnement, lorsque dans le fonctionnaire s'approchant de la portière, il reconnut Chazal, préfet d'Amiens, qu'il avait fait nommer par Carnot quinze jours auparavant! La reconnaissance fut vive et triste en même temps. Sur la figure de Chazal régnait une anxiété profonde.

« — Où allez-vous donc, mon Prince? demanda-t-il; si votre dessein est de revenir à Paris, gardez-vous-en bien. Les alliés sont entrés dans Amiens. A leur apparition les portes leur ont été ouvertes, la ville est royaliste et l'allégresse règne partout. On m'a prévenu à temps, et, à l'aide de ces braves gendarmes dont l'un m'a prêté son manteau, car je n'avais pu changer d'habits, nous sommes sortis heureusement par une des portes de la ville, voisine de la préfecture. J'ai pris à travers champs, et je me trouve très heureux d'être arrivé à temps pour vous sauver.

« — Vous êtes pour moi la providence même, lui dit le Prince, en le tenant par la main. Que faut-il faire ?

« — C'est facile, reprit Chazal. Votre Altesse doit quitter la route de Beauvais où les alliés sont peut-être en ce moment. A droite, en avançant un peu, vous allez trouver la route de Dieppe, où aucune mauvaise rencontre n'est à craindre. De Dieppe, vous irez à Lyon qui est en état de siége, mais dont le dévouement pour l'Empereur est connu. De là, vous gagnerez les côtes de la Méditerranée; vous pouvez alors vous embarquer pour la Corse ou pour Civita-Vecchia, car je pense que c'est à Rome que vous voulez retourner.

« — Je vous remercie, mon cher Chazal, de votre bon conseil. Adieu. Il n'y a pas de temps à perdre, et que le Ciel nous accorde de nous retrouver encore... Et vous, qu'allez-vous devenir ?

« — Ma tête est mise à prix... mais ne vous préoccupez pas de moi... et mettez-vous en sûreté. Vous le devez aux vôtres et à votre avenir. Une cause n'est pas perdue sans retour quand elle n'est perdue que par le fait de l'étranger. Adieu, adieu !

« Et les deux vaillants patriotes se quittèrent en se jetant un long regard. »

Mais nous devons abréger, — si intéressant qu'il soit, — le récit du comte de Châtillon ; nous nous bornerons à en résumer les principales péripéties.

Les fugitifs arrivèrent à Dieppe. Comme la plupart des populations des villes maritimes ruinées par le blocus, celle de Dieppe était hostile à l'Empereur et ultra-royaliste. Il régnait dans la ville une grande agitation, et le Prince, malgré ses passe-ports et son faux état civil, suspecté d'être un Bonaparte, et même reconnu, eut toutes les peines du monde à s'en échapper.

Le lendemain, il était à Étampes, où il apprenait l'entrée des alliés dans Paris, sans coup férir. On reprit presque aussitôt la direction de Lyon. Les routes devenaient de moins en moins sûres; on signalait des bandes de verdets, — ultra-royalistes du Midi, — qui poursuivaient, maltraitaient, massacraient même tous les partisans de Napoléon. On arriva à Lyon, et l'on formait le projet d'aller s'embarquer à Antibes pour la Corse, d'où l'on se serait rembarqué pour Civita-Vecchia. Mais, sur des renseignements donnés par le grand vicaire du cardinal Fesch à l'archevêché, on fut obligé de prendre le chemin des Alpes, car de Lyon aux côtes méditerranéennes, le pays était infesté de verdets qui se signalaient par leur acharnement et leur cruauté.

La route des Alpes, non plus, n'était rien moins que sûre. L'armée française était en retraite sur Lyon; et si l'on n'avait rien à craindre d'elle, il n'en était pas de même de l'armée autrichienne qui la suivait.

En effet, à Bourgoin, comme les voyageurs s'arrêtaient au principal hôtel pour y souper et y passer la nuit, l'hôtelier les prévint qu'il ne pourrait les recevoir et les héberger, attendu que tout son établissement était réquisitionné pour le général Bubna et son état-major. Il fallait fuir. Ils sortirent en promeneurs et rencontrèrent un vieillard qui, reconnaissant le Prince, mais cachant discrètement sa découverte, devina en lui un fugitif et lui offrit l'hospitalité dans sa propriété, assez loin de la ville. Des fenêtres de cet asile, Lucien assista au douloureux spectacle du défilé de l'armée des envahisseurs, le général Bubna en tête.

Que faire, en pleine armée ennemie ? De tous les côtés on était bloqué par les troupes, et c'eût été folie d'espérer traverser les lignes sans inspirer de soupçons. Au bout de cent pas, on eût été arrêté et traité comme espion. M. de Châtillon voulut tenter la ressource du passe-port au nom du marquis italien de Rocca-Priora; il s'agissait d'obtenir du général Bubna un laisser-passer pour traverser les pays occupés par son armée et gagner la frontière. Mais il n'eut pas auprès du général le succès qu'il avait rencontré auprès des préfets. Bubna répondit à la démarche :

— Vous n'êtes pas Italien, mais Français. Vous avez un

passe-port signé Fouché, vous êtes dans mon camp; vous ne pouvez être qu'un imposteur ou un espion, et vous serez fusillé dans les vingt-quatre heures.

M. de Châtillon protesta. On eût protesté à moins. Et comme il avait fait l'expérience que les subterfuges n'avaient aucune chance de succès, il confessa tout simplement la vérité.

Le général, en apprenant la qualité du personnage qu'il avait sous la main, fit une volte-face complète et montra la courtoisie et la respectueuse déférence qu'il eût témoignées à un prince en possession de tous ses privilèges. Il le fit accompagner jusqu'à Turin par un de ses aides de camp et lui donna une lettre pour le ministre des affaires étrangères du Piémont, contenant la prière de faire immédiatement signer les passe-ports des voyageurs.

Mais le Roi de Sardaigne ne fut pas de l'avis de ce soldat gentilhomme. Les procédés chevaleresques n'étaient pas d'usage à l'égard des Bonaparte, et la terreur qu'inspirait ce nom était si grande, même à l'heure où l'Empereur était enchaîné, que la coalition n'eût lâché à aucun prix un des membres de la famille tombé en son pouvoir. Le prince Lucien était de bonne prise; on le garda et on lui offrit l'hospitalité dans la citadelle de Turin.

Nous devons ajouter que ce ne fut pas le *carcere duro* que l'on pourrait s'imaginer. Le comte Gazelli, comman-

LE PRINCE NAPOLÉON CHARLES

dant la forteresse, la jolie comtesse, sa femme, sa famille et la nombreuse et aristocratique société de Turin s'empressèrent auprès des prisonniers et s'efforcèrent d'adoucir l'ennui de leur captivité.

Mais, si dorée que soit la cage, c'est toujours une prison.

Quatre longs mois s'écoulèrent ainsi.

Enfin, une dépêche du prince de Metternich arriva, conçue en ces termes :

« Mon Prince,

« J'ai l'honneur de vous prévenir que le présent cour-
« rier est porteur d'une invitation au gouvernement de
« S. M. le roi de Sardaigne pour la mise en liberté de
« Votre Altesse. Sa Sainteté ayant permis qu'*Elle* se rende
« dans les États romains, les souverains alliés n'ont point
« trouvé d'obstacle à accéder à cette disposition.

« Je suis, en mon particulier, très-charmé de pouvoir
« vous annoncer une détermination aussi conforme à vos
« vœux. Je transmets à M. le prince Stuckemberg l'ordre
« de faciliter votre voyage à Rome. »

Mais cette autorisation de séjour à Rome ne fut, en somme, qu'un internement déguisé. Une lettre du cardinal Consalvi confirme la nature de cette mesure :

« La première disposition prise par les Cours alliées à

« l'égard de Votre Excellence porte, suivant le protocole
« du 27 août 1815, que les Cours alliées n'ont rien à
« opposer au dessein de Lucien de reprendre son domi-
« cile à Rome, sous condition que le Saint-Père y donne
« son acquiescement et que, dans ce cas, le gouverne-
« ment romain prenne l'engagement de ne pas laisser
« sortir ni lui, ni sa famille, des États du Pape.

« Les dispositions de la séance du 31 août établissent,
« d'autre part, qu'outre les conditions susdites déjà mises
« à exécution, les Cours alliées, au retour de Lucien
« Bonaparte à Rome, y feront ajouter les moyens de sur-
« veillance de leurs missions et ceux de la Cour de
« France.

« L'obligation de résider à Rome n'emporte pas d'ail-
« leurs celle d'avoir cette ville pour prison; mais la con-
« dition de la surveillance, ajoutée à celle du domicile,
« exige que Votre Excellence ne puisse pas s'éloigner de
« Rome, même temporairement, sans le consentement
« de MM. les plénipotentiaires. »

Et cet internement dura jusqu'à ce que la mort de
Napoléon, en 1821, délivrât les souverains de ce cauche-
mar des conspirations des Bonaparte, ayant pour but
d'enlever l'Empereur à sa prison de Sainte-Hélène et de
le ramener en France. Alors seulement se relâcha la persécution qui poursuivait tous les membres de la famille

proscrite, et la surveillance fut moins étroite et moins tyrannique. Mais l'exil ne fut pas abrogé pour cela. La révolution de 1830 elle-même ne rouvrit pas à Lucien les portes de la France, et toutes ses réclamations aux Chambres furent vaines.

En 1836, il ressentit les premiers symptômes de la maladie à laquelle il devait succomber quatre ans plus tard. Au mois de juin 1840, il partit de son château de Musignano pour aller passer l'été à Sienne avec sa femme, la plus jeune de ses filles et le Père Maurice. En route, il tomba gravement malade et dut s'arrêter à Viterbe. Il y mourut dans la nuit du 29 au 30 juin. Il avait un peu plus de soixante-cinq ans. De Viterbe, son corps fut transporté à Florence. La princesse, sa veuve, lui fit élever un tombeau dont l'exécution est due au sculpteur florentin Pampeloni. Ce tombeau porte l'inscription suivante :

Ci-gît
Lucien Bonaparte, fils de Charles Bonaparte
et de Lætitia Ramolino
né en Corse, a Ajaccio, l'an 1775.
Religieux, savant, charitable.
Alexandrine de Bleschamp, son épouse, a élevé
ce tombeau a lui et a elle.

Tel fut Lucien Bonaparte. Telle sa vie, agitée, traversée, soulevée par les mille obstacles que lui suscitèrent son esprit de fière indépendance et le sentiment de son affection d'époux et de ses devoirs de père. C'était un grand esprit, une haute intelligence, un ami fidèle et éclairé des belles-lettres, qui furent, du reste, le culte de toute sa vie et les consolatrices de toutes ses amertumes; ce fut, de plus, et par-dessus tout, une âme noble, généreuse, un cœur ouvert à toutes les infortunes et prêt à tous les dévouements. D'imagination puissante, éloquent, entraînant, plein d'ardeur, et en même temps captivant par l'affabilité, l'art de la persuasion, l'élégance des manières, la cordialité des formes, il avait été apprécié à sa juste valeur par Napoléon, qui se connaissait en hommes, et avait eu, du reste, l'occasion de constater les services immenses qu'il pouvait attendre de lui. Pour se priver d'un pareil concours, il fallait que l'absolutisme de sa volonté fût mortellement blessé de la résistance que Lucien lui apportait, et sa rancune en arriva à dépasser les bornes des discordes familiales. Et pourtant, quelles tentatives ne furent pas faites par l'Empereur pour ramener à lui cet indépendant qui ne voulait pas laisser toucher à cette chose sacrée : le foyer! Pour un certain nombre de gens, mal instruits ou hostiles de parti pris, Lucien fut considéré comme un ambitieux qui refusa des couronnes, parce que Napoléon voulait faire de ses frères ainsi élevés par lui de simples préfets de son Empire, et que cette centralisation du pouvoir souverain blessait son indépendance; peut-être aussi parce qu'il prévoyait la fragilité des trônes. On prétendit également que cette ambition le poussa à engager l'Empereur à abdiquer en faveur de son fils, espérant devenir le premier ministre pendant la régence de l'Impératrice. Le prince Lucien a répondu à ces insinuations :

« Loin de moi cette accusation, dit-il; un trône vaut
« mieux qu'une régence. Ai-je jamais fait une lâcheté
« pour acquérir un trône? Si Napoléon II eût succédé à
« son père, quelle prétention pouvais-je avoir à la régence?
« Notre famille n'avait-elle pas pour son chef mon aîné,
« le prince Joseph, l'un des esprits les plus éclairés, des
« cœurs les plus droits, des caractères les plus nobles qui
« aient jamais honoré le trône? Ce frère, que ceux qui
« l'ont approché dans l'intimité ont pu seuls apprécier à
« toute sa valeur, me servit de père dans mon enfance, et
« nous ne sommes pas d'un sang à répondre à la ten-
« dresse par l'ingratitude, à supplanter lâchement, par
« de sourdes menées, notre chef de famille, et à sacrifier
« souvenirs et conscience à la triste rage du pouvoir.
« J'espère qu'on me pardonnera de m'étendre sur mon
« caractère, car j'abandonne à tout venant ce qu'on
« voudra dire sur mon esprit. D'après Lamarque, une
« partie du public me regarde comme un ambitieux,

« coupable d'avoir conseillé l'abdication de Napoléon
« pour régner sous le nom de son fils! Qu'on me per-
« mette de rappeler ici que je n'ai jamais désiré le pou-
« voir. Ma conduite me donne le droit de le dire et de
« m'expliquer en détail sur mes sentiments; calomnié
« dans tant d'écrits, il est juste que je repousse une
« fois la calomnie.

« Personne n'ignore que, pendant ma retraite en
« Italie, je reçus plusieurs fois l'offre d'être rappelé au
« pouvoir, ou en France, ou sur un trône étranger. Les
« lettres de ma famille, celles de Talleyrand et de Fouché,
« qui furent tour à tour chargés de me faire accepter les
« offres de Napoléon ; toutes ces lettres seront insérées
« dans mes Mémoires; elles attesteront les instances que
« j'ai reçues et la résistance que j'y opposai toujours. Il
« n'est pas, je pense, très-commun de faire de pareils
« refus, et c'est du moins une présomption assez pro-
« bable qu'on n'est pas dévoré d'ambition.

« Sans doute, à toutes ces offres Napoléon mettait une
« condition qui blessait mes affections domestiques et
« qu'il n'aurait jamais proférée s'il m'avait mieux connu
« à cette époque ; mais enfin, si j'avais voulu pactiser le
« moins du monde, et pour quelques jours, avec ma
« conscience, je pouvais le faire à mon gré; il m'est donc
« permis de conclure au moins que mon ambition fut
« plus faible que mes affections et mon devoir. »

Et plus loin, il dit encore :

« Si je ne fus jamais ambitieux, comme l'ont supposé
« ceux qui m'ont mal jugé, je ne mérite pas non plus ce
« nom de philosophe dont nos amis m'ont honoré; je ne
« fus pas assez étranger aux passions humaines pour
« avoir toujours regardé d'un œil de dédain le rang su-
« prême.

« Tant que l'Empereur, en me méconnaissant, put
« m'affliger par des propositions indignes de moi, la
« question était personnelle et parfaitement étrangère à
« toute considération politique. Mais lorsque mon frère
« me connut mieux, et qu'après tant d'offres affligeantes
« il me fit, dans la conférence de Mantoue, des proposi-
« tions honorables, je l'avoue sans détour, le trône, pour
« la première fois, m'apparut avec tous ses prestiges ; je
« me complus dans la brillante perspective de Naples, de
« Florence, de Parme, où je pouvais régner sur des peu-
« ples habitués à des mœurs monarchiques que j'aurais
« pu améliorer. Ce fut alors avec beaucoup de peine que
« je résistai à Napoléon, d'autant plus qu'avec le front
« impassible de la politique, quoique avec l'accent ému
« d'un cœur fraternel, il ne me dissimula pas, en me
« donnant le baiser d'adieu, qu'il fallait rentrer dans son
« système ou me préparer à quitter le continent, où il ne
« voulait pas supporter mon opposition silencieuse. Je
« quittai le continent. »

Nous avons dit que les lettres furent toujours l'objet de son culte, et son refuge pendant les tourmentes de sa vie. Appelé à l'Institut, il se montra digne, par sa haute intelligence et par la protection éclairée qu'il leur accordait, d'une distinction qui, à ses yeux, était la plus honorable de toutes celles qu'il eût reçues.

Aussi lorsqu'il revint en France, après le retour de l'île d'Elbe, son premier soin fut-il d'aller redemander sa place à cet Institut, d'où la volonté tyrannique de son frère l'avait éloigné[1].

Un trait qui ne fut connu que longtemps après, en 1833, nous donne un exemple de sa bienfaisance délicate et discrète. C'est Béranger, le poëte populaire de la France, qui le dévoila dans le volume de ses Mémoires :

« En 1803, dit donc Béranger, privé de ressources,
« las d'espérances déçues, versifiant sans but et sans en-
« couragement, sans intentions et sans conseils, j'eus
« l'idée (et combien d'idées semblables étaient restées
« sans résultat !), j'eus l'idée de mettre sous enveloppe mes
« informes poésies et de les adresser par la poste au
« frère du premier Consul, M. Lucien Bonaparte, déjà
« célèbre par un grand talent oratoire et par l'amour
« des arts et des lettres. Mon épître d'envoi, je me le rap-
« pelle encore, digne d'une jeune tête républicaine, por-

[1] Voir aux Pièces justificatives. — Pièce n° 12.

... ... Bonaparte.

... ... les larmes ... ... l'objet de
... ... refuge pend... ... ... sa vie.
A... ... ... il se mont... ... .
... par la protection ... ...
à ... ...nction qui, à s...
... toutes celles qu'il eût reçues.

...si lorsqu'il revint en France, après le retour d...
...d'Elbe, son premier soin fut-il d'aller redemander
...ace à cet Institut, d'où la volonté tyrannique de son
... l'avait éloigné.

Un trait qui ne fut ... ... que longtemps après, en
..., nous donne un exemple de sa bienfaisance délicate
... discrète. C'est Béranger, le poëte populaire de la
...ance, qui le dévoila dans le ... ... de ses Mémoires
... en 1803, dit donc Béranger, pr... ... ...
... d'espérances déçues, ve... ... sans ... ...
...angement, sans intention... et sans ..., j'eus
... ... combien d'idées semblables étaient restées
... ... résultat!, j'eus l'idée de mettre sous enveloppe mes
... ... nes poésies et de les adresser par la poste au
... ... premier Consul, M. Lucien Bonaparte, déjà
... célèbre ... un grand talent oratoire et par l'amour
... des ... ... les lettres. Mon épître d'e... ... ...
...ille ... ... une d'une jeu... ... ...

... ... Pièces justificatives. — Pièce ...

LE PRINCE ROLAND BONAPARTE

« tait l'empreinte de l'orgueil blessé par le besoin de
« recourir à un protecteur. Pauvre, inconnu, désap-
« pointé tant de fois, je n'osais compter sur le succès
« d'une démarche que personne n'appuyait. Mais le troi-
« sième jour, ô joie indicible! M. Lucien m'appelle au-
« près de lui, s'informe de ma position, qu'il adoucit
« bientôt, me parle en poëte et me prodigue des encoura-
« gements et des conseils. Malheureusement, il est obligé
« de s'éloigner de la France. J'allais me croire oublié,
« lorsque je reçois de Rome une procuration pour tou-
« cher le traitement de l'Institut, dont M. Lucien était
« membre, avec une lettre que j'ai précieusement con-
« servée, et où il me dit : « Je vous adresse une procura-
« tion pour toucher mon traitement de l'Institut; je vous
« prie de l'accepter et je ne doute pas que, si vous con-
« tinuez de cultiver votre talent par le travail, vous ne
« soyez un des ornements de notre Parnasse; soignez
« surtout la délicatesse du rhythme, ne cessez pas d'être
« hardi, mais soyez plus élégant, etc., etc. »

« Jamais, reprend Béranger, on n'a fait le bien avec
« une grâce plus encourageante; jamais, en arrachant un
« jeune poëte à la misère, on ne l'a mieux relevé à ses
« propres yeux. Aux sages avis qui accompagnent de
« tels bienfaits, on sent que ce n'est pas la froide
« main d'une générosité banale qui vient vous tirer de

« l'abîme. Quel cœur n'en eût été vivement ému ! J'au-
« rais voulu pouvoir rendre ma reconnaissance pu-
« blique ; la censure s'y opposa : mon protecteur était
« proscrit. »

Le traitement des académiciens était, est encore de 1,500 francs pour toutes les classes de l'Institut ; mais dans la classe de littérature, on faisait une retenue du tiers à chaque membre pour payer les jetons de présence et donner des pensions à ceux qui, ayant soixante ans, n'avaient pas au moins 6,000 francs de revenu personnel.

Béranger reçut d'abord trois années arriérées de traitement ; il consacra la plus grande partie de cette somme à son père ; il garda ensuite pour lui mille francs chaque année.

Si Lucien Bonaparte montra une si constante fermeté à repousser les propositions de Napoléon, propositions subordonnées avant tout à son divorce, il faut dire que celle dont l'Empereur voulait le séparer était digne de tout l'amour de son mari et du respect de tous. Alexandrine de Bleschamp était non-seulement admirée pour sa beauté, mais pour les hautes qualités de son esprit et de son cœur.

Nature d'élite, âme forte, épouse dévouée, et véritablement la seconde moitié du prince, de par leurs affinités intellectuelles et morales, mère admirable, elle fut pendant quarante ans le soutien, la consolation, l'inspiration et la force de son mari. Elle défendit avec ardeur sa mémoire contre la calomnie, et ce fut par ses soins et grâce aussi à sa collaboration que fut publié, en 1845, le *Dix-huit Brumaire,* où est expliquée et justifiée la conduite de Lucien pendant ces deux journées historiques.

La princesse Alexandrine Bonaparte mourut le 12 juillet 1855 à Sinigaglia. Elle avait soixante-quatorze ans.

NOTICES BIOGRAPHIQUES

CHARLES BONAPARTE.

(1803-1857.)

Charles-Lucien-Jules-Laurent, l'aîné des enfants de Lucien Bonaparte avec Alexandrine de Bleschamp, né à Paris le 24 mai 1803, épousa en juin 1822 sa cousine Zénaïde-Charlotte Bonaparte, fille de Joseph, ancien roi de Naples et d'Espagne. Il partit la même année pour les États-Unis. Il s'y adonna à l'étude approfondie de l'ornithologie, et fit connaître un grand nombre d'oiseaux du nouveau monde qui avaient échappé au naturaliste Wilson, à l'ouvrage duquel il ajouta un supplément. Ce fut même ce livre qui suggéra à Audubon l'idée de son travail sur les oiseaux d'Amérique. Toutes ses recherches furent couronnées d'un tel succès, que les naturalistes les plus éminents de notre époque considèrent les travaux de Charles Bonaparte comme ayant imprimé une impulsion rigoureusement scientifique aux études zoologiques. Rentré en Europe six ans plus tard, le Prince conçut l'idée d'un grand ouvrage sur le règne animal de l'Italie, sa patrie adoptive, — car la France, sa patrie d'origine, lui était interdite.

En 1844, il fut élu membre correspondant de l'Institut de France.

On a dit de lui qu'il était incontestablement un des naturalistes le plus heureusement doués, le plus ingénieux et le plus laborieux que la France ait vus naître.

Le prince Charles a joué un rôle diversement apprécié dans les révolutions d'Italie.

Adversaire du pouvoir temporel, il fut nommé vice-président de l'Assemblée constituante, dont il dirigea les délibérations avec une rare habileté. Il ne quitta Civita-Vecchia qu'après l'occupation de Rome par les troupes françaises. Arrêté, au moment où il faisait route pour Paris, par ordre de Louis-Napoléon, son cousin, alors président de la République, il fut conduit d'Orléans au Havre et embarqué pour l'Angleterre.

Quelque temps après, il obtenait de l'Empereur de rentrer en France et de résider à Paris.

Il mourut le 29 juillet 1857.

Sa femme, la princesse Zénaïde[1], lui avait apporté une fortune que, par malheur, il ne put conserver.

[1] La sœur de la princesse Zénaïde, Charlotte, était la femme de Napoléon-Louis, frère aîné de Napoléon III.

Le prince Charles eut de son mariage huit enfants, dont trois fils :

Joseph, né à Philadelphie en 1824 et mort à Rome.

Lucien, né en 1828, cardinal de la Sainte Église romaine depuis le 13 mars 1868.

Napoléon, ancien chef de bataillon au 61° de ligne, né en 1839, marié en 1859 à la princesse Ruspoli et de Cerveteri.

LÆTITIA.

(1804-1870.)

Née à Milan le 1ᵉʳ décembre 1804.

Mariée à M. Thomas Wyse, ancien ministre d'Angleterre à Athènes, mort le 15 avril 1862; morte elle-même en 1870.

JOSEPH.

Mort peu après sa naissance. Son cénotaphe, en beau marbre de Carrare, admirable morceau de sculpture italienne, est dans l'église paroissiale du bourg de Canino (États romains).

PAUL-MARIE.

(1806-1826.)

Lieutenant-colonel philhellène, né à Rome, mort très-jeune encore à bord de la frégate *l'Hellade,* dont il avait reçu le commandement en second de lord Cochrane, qui avait beaucoup connu son père pendant la captivité de Lucien en Angleterre. Le jeune officier se montra digne d'une telle faveur et se distingua par son intrépidité dans plusieurs rencontres.

En décembre 1826, on signala des navires turcs dans le golfe de Nauplie. On fit le branle-bas. Le Prince se précipita dans sa cabine pour y prendre ses pistolets chargés et accrochés à la paroi du bâtiment. Une de ces armes partit, et la balle traversa la poitrine du malheureux jeune homme. Il ne survécut pas à cette affreuse blessure.

Son corps, conservé dans un tonneau de rhum, fut transporté dans l'île de Spezzia, puis, plus tard, de touchantes funérailles lui furent faites par le corps expéditionnaire de Morée, dans la baie de Navarin.

JEANNE.

(1810-1838.)

Marquise Honorati.

Modèle de beauté et de bonté, adorée de tous ceux qui avaient vu, ne fût-ce qu'une fois, cette angélique créature, enlevée, à la fleur de la jeunesse, à l'amour des siens.

A la fin d'un bal où elle avait dansé plusieurs heures, elle eut l'imprudence de se mettre à une fenêtre. Atteinte d'une angine foudroyante, et victime, semble-t-il, d'un traitement médical peu éclairé, la pauvre jeune femme succomba, laissant une jolie petite fille du nom de Clélie.

LOUIS-LUCIEN.

(1813-.....)

Né le 4 janvier 1813, à Thorngrowe, dans le comté de Worcester, pendant la captivité de son père, alors prisonnier des Anglais.

Polyglotte et chimiste distingué. Son grand dictionnaire en soixante-dix langues ou dialectes, qu'il parle et écrit couramment, est un vrai prodige.

Comme chimiste, le prince Louis-Lucien a reçu les suffrages des savants les plus compétents, tels que Pelouze, Dumas, Poggiale, etc.

Il est l'inventeur du valérianate de quinine, si efficace dans les fièvres paludéennes intermittentes. Une nouvelle méthode de nomenclature qu'il a proposée dépasse, paraît-il, de l'avis des meilleurs chimistes, tout ce qu'on a fait de mieux en ce genre. Il a siégé à la Constituante, à la Législative et au Sénat.

Retiré à Londres, il y vit rigoureusement confiné dans l'étude et poursuivant ses importants travaux scientifiques.

En 1832, le prince Louis-Lucien s'est marié avec mademoiselle Marianne Cecchi.

L'empereur Napoléon III le nomma grand officier de la Légion d'honneur le 13 janvier 1860.

PIERRE-NAPOLÉON.

(1815-1881.)

Le prince Pierre-Napoléon Bonaparte naquit à Rome le 11 octobre 1815, à cette époque si tourmentée, si cruelle, où la coalition poursuivait avec tant de haine tout ce qui portait le nom de Bonaparte. Pourchassé, honni, rejeté d'exil en exil, accompagné de sa femme dans un état de grossesse avancée, Lucien, son père, n'obtint qu'à grand'peine l'autorisation d'accepter l'hospitalité que lui offrait le Pape dans ses États, quelques jours seulement avant que la princesse accouchât.

L'enfant eut pour premier précepteur l'abbé Casanova, et, plus tard, le Révérend Père Maurice de Brescia, un des hommes les plus savants de l'Italie. L'élève montrait une vive intelligence et une grande aptitude aux études scientifiques et littéraires. Sous de tels maîtres, il ne pouvait manquer d'atteindre un complet développement de tant de précieuses facultés et de devenir un homme remarquable dans les sévères spéculations de la science, aussi bien que dans la culture des lettres et des arts. De nombreux travaux, d'ordres les plus divers, témoignent de son instruction supérieure dans les branches les plus opposées du savoir humain; mais ce fut la poésie qui eut toujours ses préférences et ses meilleures caresses; il avait, du reste, de qui tenir; son père et sa mère lui avaient gardé une place entre eux sur le mont sacré.

Avec ces aspirations vers l'idéal, c'est-à-dire vers le bon, le beau et le juste, ce cœur ardent devait s'ouvrir aux rêves de liberté, d'émancipation, de relèvement des faibles et des opprimés ; un de ses frères lui avait donné l'exemple de l'enthousiasme pour les nobles causes : c'était Paul-Marie, qui, à dix-neuf ans, avait couru se ranger sous le drapeau de la Grèce soulevée pour son indépendance, et était mort, admiré, cité pour son courage et son élan chevaleresque. Pierre sentait brûler en lui le même feu, lorsque se déclara le mouvement italien en 1831. Il trompa la vigilance de sa famille, quitta le toit paternel et se dirigea vers la Toscane, au camp des insurgés. La police l'arrêta, le conduisit à Livourne, où il fut enfermé dans un fort pendant six mois. Rendu à la liberté, il voulut retourner au foyer, dans les États romains ; mais les frontières lui en furent fermées. L'exil encore, toujours l'exil !... Il dut, en janvier 1832, s'embarquer pour les États-Unis, habita quelque temps New-York, qu'il quitta bientôt pour se rendre auprès de son oncle, le roi Joseph, qui résidait à Pointe-Breeze, sur le Delaware, entre Philadelphie et New-York.

Là-bas, en Amérique, deux Républiques, celle de la Nouvelle-Grenade et celle de l'Équateur, depuis longtemps déjà en guerre entre elles, en arrivaient au terme de la lutte et se préparaient aux batailles décisives.

L'odeur de la poudre monta aux narines du jeune Pierre-Napoléon, qui, impatient de son inaction, demanda et obtint, en juillet 1832, de prendre du service dans l'armée du général Santander, président de l'État de la Nouvelle-Grenade. Il fut nommé chef d'escadrons et attaché à la personne du général président en qualité d'aide de camp. A la fin de la campagne, pendant laquelle il s'attira l'estime et la confiance du commandant en chef par sa bravoure et son dévouement, il reçut de Santander la proposition de rester attaché à l'armée de Colombie; mais les intrigues qui, d'Europe, ne cessaient de poursuivre, même de l'autre côté de l'Atlantique, les membres de la famille du grand Empereur, vinrent encore troubler les projets de ce généreux enfant de dix-huit ans, dont on se faisait sans doute un épouvantail parmi les maîtres du vieux monde, étroitement ligués contre tout ce qui avait une origine révolutionnaire. Il dut revenir à New-York, et, après quelques mois, obtint du Pape de se fixer à Canino avec son frère Antoine.

Là, il passa deux années dans le repos, entièrement livré aux travaux littéraires et historiques, n'ayant d'autres distractions, en dehors des heures remplies par la poésie, que la chasse, qui était et fut toujours pour lui une véritable passion.

Mais de cruelles tribulations l'attendaient.

Il eut d'abord la douleur de voir s'éteindre, entre les

bras de sa mère et du cardinal Fesch, sa noble et vénérée aïeule, Madame Mère, *la mère des rois,* Lætitia, qui expira le 26 avril 1836, après une courte maladie, à l'âge de quatre-vingt-six ans.

Bientôt la calomnie s'acharna contre Pierre-Napoléon et le rejeta sur le chemin de l'exil. Des ennemis influents auprès du Pape Grégoire XVI présentèrent au Pontife les princes Pierre et Antoine comme affiliés aux sociétés secrètes de la jeune Italie, chefs des *carbonari,* et prêts à user de leur influence sur les populations des Maremmes pour leur faire prendre les armes et les appeler à l'insurrection. Ils durent, tous les deux, s'éloigner du foyer de famille, quitter leur mère malade, et reprendre le triste pèlerinage des bannis. Mais un grave incident suspendit le voyage. Attiré dans un guet-apens, frappé par des sbires, Pierre se défendit comme un lion, fut saisi, jeté dans une prison de Rome, et n'en sortit que le 7 février 1837, après une captivité de neuf mois et demi. Il s'embarqua alors de nouveau pour l'Amérique; il y fut reçu à son arrivée par deux princes de sa maison qui l'y avaient précédé : Louis-Napoléon, dont l'entreprise de Strasbourg avait échoué, et Lucien Murat. Il passa quelques mois avec eux, dans la plus douce et la plus cordiale intimité, heureux, après tant d'orages, de ces heures de repos au milieu des chères affections de famille.

Mais il y avait en lui un besoin d'activité, une soif de voir, d'apprendre, un trop-plein de forces à dépenser, qui devaient bientôt faire une fatigue de cette oisiveté ; cette fièvre du mouvement l'emporta dans un grand voyage aux îles Ioniennes ; il avait l'intention d'étudier à fond la Grèce et la Turquie. Il s'embarqua en février 1838 pour l'archipel Ionien et s'installa provisoirement dans un cottage non loin de Corfou. Il y avait alors dans l'Albanie, dont la côte n'est séparée de Corfou que par un étroit canal, des chasses d'une extraordinaire abondance en gibier de poil et de plume. Inutile de dire que le Prince, grand chasseur devant l'Éternel, ne pouvait manquer de prendre part aux exploits cynégétiques des Nemrods, officiers de la garnison et notables de Corfou. Mais ces chasses n'étaient pas sans danger ; des Albanais pillards, redoutables bandits, s'embusquaient assez souvent et se ruaient en nombre sur les partis de chasseurs, ne craignant pas d'aller jusqu'au meurtre pour les dépouiller. Pareil cas se présenta, lors d'une chasse du prince Pierre.

Deux de ces brigands surgirent au moment où le Prince se disposait à déjeuner sur l'herbe, au fond de l'anse de Pargagna. Les hommes qui l'accompagnaient, sans armes, affolés de terreur, ne songeaient qu'à demander grâce et à tout abandonner pour avoir la vie sauve. Heureusement Pierre n'était pas d'humeur aussi accommodante : il laissa approcher les bandits, et, à courte portée, où le coup devait faire balle, les abattit l'un après l'autre avec un fusil de chasse chargé de petit plomb. Après quoi, il rallia ses compagnons, gagna son embarcation et ordonna de nager à force de rames pour s'éloigner de cette côte inhospitalière. Et bien lui en prit; car, attirée par les coups de feu, une nuée de détrousseurs de même espèce était accourue sur le rivage et déchargea ses armes sur les fugitifs, Dieu merci ! hors de leur portée. Mais cet acte d'énergie déchaîna une meute d'assassins albanais qui jurèrent de venger leurs estimables frères. Pierre vécut alors au milieu de continuels dangers et de poignards toujours levés sur lui. La situation devint si tendue que, malgré la légitimité absolue et reconnue de son action, en présence d'une attaque de grand chemin, le Prince fut invité par le gouverneur lui-même à quitter l'île, au nom de son salut personnel et de la tranquillité publique.

Il se rendit à Malte, où sévissait le choléra ; là, il trouva une population terrifiée, qui, sur l'affirmation des médecins eux-mêmes que le fléau est contagieux, abandonnait les malades et refusait d'ensevelir les morts. Le Prince, voulant prouver que le mal est simplement endémique, alla dans les hôpitaux, s'arrêta devant tous les malheureux le plus cruellement atteints, leur prit les mains, resta des heures auprès d'eux à les consoler, à les réconforter, et excita l'admiration par son courageux dévouement.

Pierre Bonaparte continua son voyage par Gibraltar, le Portugal, l'Espagne, l'Angleterre, et enfin obtint du gouvernement belge l'autorisation de s'installer à Mohimont, dans le Luxembourg.

« Spirituel, énergique, hardi », dit un de ses biographes, M. J. de la Rocca, « d'une conception rapide, d'une
« constitution robuste, admirablement doué de toutes les
« manières, le fils de Lucien, le neveu du grand capi-
« taine, aurait pu rendre, dans les armes et les arts libé-
« raux, d'éminents services à son pays, si son origine, au
« lieu d'être une recommandation, ne s'était dressée
« devant lui comme un obstacle infranchissable. L'inac-
« tivité à laquelle le condamnait sa naissance était pour sa
« juvénile audace un poids insupportable. Il essaya d'en
« sortir par tous les moyens que l'honneur autorise. »

Il offrit son épée à la Belgique, qui ne put accepter son concours, en considération de la politique des Tuileries; il demanda l'autorisation de servir sa patrie, en Algérie, comme simple soldat; cette faveur lui fut refusée; il mit tour à tour ses services à la disposition de l'Espagne, de

Méhémet-Ali, et sollicita du czar Nicolas l'honneur de faire dans ses armées une campagne en Circassie; toutes ses offres furent repoussées. Enfin, le vice-roi d'Égypte l'avait accueilli et lui proposait un grade élevé dans son état-major; mais alors, les mêmes influences diplomatiques qui l'avaient poursuivi avec tant d'acharnement se retrouvèrent pour l'empêcher de profiter de la bienveillance kédiviale.

Le Prince dut rentrer dans sa solitude de Mohimont, Dieu sait avec quel découragement et quel désespoir. Il n'avait pu encore fouler le sol français! Cette patrie, pour laquelle il aurait tant voulu verser son sang, lui serait-elle donc à tout jamais interdite?... Il n'était qu'à quelques kilomètres de la frontière. La tentation fut trop forte; arrivé sur la lisière des deux pays, ému, remué jusqu'au plus profond de l'âme par ce saint amour de la patrie qu'il faut avoir été exilé pour bien connaître, il franchit d'un bond la frontière, mit les pieds sur la terre de France, s'agenouilla, baisa le sol sacré et rentra en pays étranger, navré de douleur et les yeux pleins de larmes. Ah! oui, le poëte a eu raison de le dire : « L'exil est impie! »

Ce ne fut qu'en 1846, sous le ministère de M. Duchâtel, que le prince Pierre-Napoléon Bonaparte obtint l'autorisation de venir à Paris, pour embrasser sa chère et vénérée mère, la princesse Alexandrine, depuis tant d'années privée de ses caresses. Il lui fut permis alors de visiter le tombeau du héros, du glorieux et puissant chef de sa famille, et ce fut le général **Petit**, le brave général Petit, des adieux de Fontainebleau, qui lui fit les honneurs des Invalides, dont il était gouverneur; il lui donna même à baiser l'épée impériale, pieusement conservée par lui, en attendant qu'elle fût déposée dans le monument non encore achevé.

Et ayant embrassé sa mère, et médité devant le tombeau du plus grand guerrier moderne et l'un des plus extraordinaires génies qui aient jeté des rayonnements d'astre sur l'humanité, Pierre-Napoléon rentra moins malheureux, moins endolori, dans son ermitage de Mohimont; il se reprit à espérer que bientôt peut-être ses épreuves allaient cesser et qu'il pourrait respirer librement l'air du pays.

Et en effet, moins de deux ans plus tard, la révolution de 1848 éclatait et mettait un terme à la proscription.

Le Prince arriva à Paris, dès le 27 février, et se rendit immédiatement à l'Hôtel de ville. Le gouvernement provisoire le nomma chef de bataillon à la légion étrangère, avec une permission illimitée de séjour à Paris.

Élu, l'année suivante, représentant du peuple à l'Assemblée législative par les départements de la Corse et de l'Ardèche, Pierre-Napoléon Bonaparte opta pour la Corse.

Pendant les douloureuses journées de troubles qui traversèrent cette époque si violemment agitée, au 15 mai, au 15 juin, au 23 juin particulièrement, où la société courut un immense péril, il se signala par son dévouement civique, et sa bravoure fut admirée de tous. Il inscrivit le premier son nom sur la liste des députés de bonne volonté et suivit M. de Lamartine à l'attaque des barricades. Parvenus, au milieu des plus grands dangers, dans le faubourg du Temple, ils poussèrent jusqu'au canal Saint-Martin, où ils furent accueillis par une grêle de balles; plusieurs soldats furent tués autour d'eux; après avoir reconnu la position, M. de Lamartine, vaillamment secondé par le Prince, le ministre Duclerc et M. de Treveneuc, réunit tout ce qu'il put trouver de troupe de ligne et de garde mobile, et aborda vigoureusement la barricade sous un feu d'enfer. Plusieurs officiers supérieurs et autres furent mortellement atteints; le prince Pierre eut un cheval tué sous lui; enfin la barricade fut prise!]

A la Chambre, il plaida éloquemment contre l'expédition de Rome, proposant à l'Assemblée de décréter que « l'indépendance des États romains est inviolable, et que les troupes françaises ne continueront à les occuper que pour protéger leur indépendance ».

Il demanda, l'un des premiers, que le droit au travail fût admis en principe dans la Constitution.

Il combattit avec énergie l'admission des agents de l'ordre administratif, judiciaire ou militaire, à la représentation nationale, appuya la proposition de suppression, ou du moins d'une diminution radicale de l'impôt sur le sel, et soutint l'élection directe du président de la République par le peuple, en votant pour une Assemblée unique et en se plaçant au premier rang des opposants à la proposition Grévy.

Nous avons vu que le gouvernement provisoire avait nommé le prince Pierre-Napoléon chef de bataillon au titre étranger. Depuis, sur ses instances, il lui avait été promis, soit au ministère de la guerre, soit à la présidence, de lui conférer ce grade au titre de Français. Il se sentait humilié d'être considéré, lui si Français, lui, le neveu du grand empereur, comme un officier auxiliaire, et, porteur d'un tel nom, d'avoir besoin de lettres de grande naturalisation; son patriotisme en souffrait. Cependant, il ne voyait pas venir le correctif de sa situation ambiguë, et, blessé dans son amour-propre de soldat, il ne se sentait pas disposé à servir autrement qu'au titre national qui lui était dû. Le Prince président, des amis, des parents, unirent leurs efforts pour l'engager à faire acte de présence à son corps et à laisser ainsi au ministre de la guerre la latitude de régulariser sa position.

Il finit par céder à ces conseils. Le 1" octobre 1849, il demanda un congé à la Chambre et partit pour Alger, où il arriva le 9. Mais il avait dûment prévenu ses collègues qu'il allait remplir une mission, après laquelle il reviendrait siéger parmi eux.

Le Prince alla donc rejoindre le corps d'expédition qui faisait le siége de Zaatcha et, sur sa route, trouva l'occasion de sauver, à la tête d'une faible escorte, un convoi menacé par un fort parti de montagnards de l'Aurès.

Dès son arrivée au camp, il fut désigné pour remplir les fonctions de commandant de tranchée. Comment il s'acquitta de sa mission, un paragraphe extrait de la *Relation du siége de Zaatcha,* par le général Herbillon, va nous le dire :

« On le vit prendre son service avec un air de gaieté,
« d'assurance, de franchise qui plut à tous. Aussi quand,
« deux jours après, dans une circonstance très-difficile,
« il déploya la plus grande vigueur et donna l'exemple
« du plus grand sang-froid, personne n'en fut étonné. »

Le 25 octobre, le commandant Pierre Bonaparte reçut l'ordre d'aller, avec deux cents hommes de son régiment et deux cents du 3ᵉ bataillon d'infanterie légère d'Afrique, couper les palmiers aux environs de Lichana, où s'étaient retranchés de forts contingents ennemis.

Il accomplit sa mission, non sans les plus grands efforts, et soutint une lutte inégale contre des masses considérables, une lutte de quatre heures, qui fit de larges trouées dans son détachement, mais qui coûta terriblement cher aux Arabes.

Le général Herbillon lui exprima hautement sa satisfaction devant sa petite troupe.

— Je vous remercie de tout ce que vous avez fait, lui dit-il.

Et le rapport de son chef, le colonel Carbuccia, s'exprime ainsi à son sujet :

« J'avais confié à M. le commandant Pierre Bonaparte, « du 2ᵉ régiment de la légion étrangère, la mission de « procéder à cette opération importante, à la tête de « quatre cents hommes, dont deux cents de la légion et « deux cents du 3ᵉ bataillon d'Afrique.

« Je suis heureux d'avoir à vous signaler la bravoure « téméraire et le coup d'œil militaire de cet officier su- « périeur, digne du nom qu'il porte. Violemment atteint « d'un énorme pavé sur la poitrine, il a tué de sa main « deux chefs arabes au plus fort de la mêlée, aux applau- « dissements de la ligne des tirailleurs. »

Le 29 octobre, le général Herbillon lui donna une mission auprès du gouverneur général, dont le but était de hâter l'envoi de renforts. Son colonel, M. Carbuccia, lui transmit l'ordre du général dans les termes suivants : « D'après ma lettre, je dois vous engager à partir ce soir « même, ou demain au plus tard, et *même pour Paris, « directement,* etc., etc. »

Le prince Pierre avait fait ses preuves de talents militaires et du plus brillant courage. Cependant, le *grade français* ne lui arrivait toujours pas, quoique promis par le ministère de la guerre. D'un autre côté, le terme qu'il avait fixé pour sa rentrée à l'Assemblée nationale était passé depuis longtemps. Froissement d'un côté, devoir de représentant d'autre part, autorisation écrite, indiscutable, de ses chefs militaires, tout cela le décida à rentrer à la Chambre. Il prévint de sa résolution le gouverneur général, qui lui répondit par une lettre, non-seulement ne contenant aucun blâme, mais encore conçue dans les termes les plus affectueux et les plus honorables.

Le 8 novembre, il s'embarquait pour la France.

Les inimitiés politiques s'emparèrent de cet événement pour nuire au Prince et pour lui imputer à crime ce départ de l'armée; mais fort de sa conscience et de l'estime de tous ceux qui l'avaient vu à l'œuvre, il ne répondit que par le mépris à ces odieuses manœuvres, et les serpents en furent quittes pour user leurs dents sur cette lime bien trempée.

Les événements de décembre 1851 le décidèrent à aller s'établir aux environs de Calvi, où il acheta une propriété et se livra à la grande culture. L'année suivante, porté comme candidat au renouvellement du conseil général, il fut élu par cinq cantons.

Lors du rétablissement de l'Empire, il reçut, comme son frère aîné Louis-Lucien, les titres de prince et d'altesse.

Quand éclata la guerre de Crimée, il demanda à reprendre du service dans l'armée; mais Napoléon III, son cousin, tenant à ne point le mettre en évidence, ne lui accorda pas cette autorisation, qui lui fut refusée également pour la campagne d'Italie.

Fréquentant peu la cour des Tuileries, le Prince partageait sa vie entre la France et la Corse, où il pouvait se livrer avec ardeur à la chasse, sa passion dominante.

Le 10 janvier 1870, un grave événement mit Paris en émoi.

Après de vives polémiques entre les journaux *l'Avenir de la Corse*, qui défendait les idées napoléoniennes, *la Revanche*, journal démocratique publié à Bastia, et *la Marseillaise*, le journal de Henri Rochefort, polémiques dans lesquelles le prince Pierre Bonaparte était attaqué de la façon la plus violente, divers cartels furent échangés.

M. Paschal Grousset, prenant fait et cause pour la *Revanche,* qu'il avait aidé à fonder, envoya des témoins au Prince, qui habitait Auteuil; ces témoins étaient MM. Ulric de Fonvielle et Victor Noir. Ce dernier s'oublia jusqu'à frapper au visage le Prince, qui, tirant un revolver qu'il portait habituellement dans sa poche, fit feu sur lui et eut le malheur de l'atteindre mortellement.

Pierre Bonaparte se constitua immédiatement prisonnier, et son procès eut lieu devant la haute cour de justice, réunie d'urgence à Tours.

Le Prince fut acquitté.

Ce drame éveille des passions trop ardentes encore pour que nous en accompagnions le récit du moindre commentaire. Tout ce que nous pouvons affirmer, c'est qu'il jeta une grande ombre sur la vie de Pierre Bonaparte, dont le cœur bon et généreux ne pouvait rester insensible à ce cruel dénoûment, et qui déplora la mort du malheureux dont la brutale attaque lui mit une arme à la main, en état de légitime défense.

A la nouvelle de la déclaration de guerre à l'Allemagne, le Prince, désirant prendre part aux opérations de l'armée, écrivit à l'Empereur; il avait fait avec assez d'éclat ses preuves en Afrique pour espérer qu'on ne lui refuserait pas de remplir son devoir de Français, alors que la patrie était en danger; cependant cette faveur ne lui fut pas accordée.

En 1871, il fit régulariser son mariage, grâce à M. Thiers, président du pouvoir exécutif. Ce mariage, bien que contracté religieusement et civilement sous l'Empire, n'avait pas été reconnu par Napoléon III, les membres de la famille impériale, aux termes du sénatus-consulte, ne pouvant se marier qu'avec l'agrément du souverain.

A quelque temps de là, le prince Pierre Bonaparte rentra en France, où la princesse, sa femme, dirigeait seule l'éducation de ses enfants.

Il mourut à Versailles, âgé de soixante-cinq ans.

Le roi Victor-Emmanuel l'avait fait, en 1864, grand-croix de l'Ordre des Saints Maurice et Lazare; la même année, il recevait la croix d'officier de la Légion d'honneur.

En dehors de travaux littéraires, le Prince a laissé de curieux souvenirs qui seront publiés.

De son mariage avec Justine-Éléonore Ruflin, il eut deux enfants :

1° *Roland*, né à Paris le 19 mai 1858, élève de Saint-

Cyr, d'où il sortit en 1879 avec le numéro 23 sur 360. Placé au 36ᵉ de ligne comme sous-lieutenant, il a été rayé des cadres de l'armée par application de l'article 4 de la loi du 22 juin 1886, interdisant aux membres des familles ayant régné en France de servir dans les armées de terre et de mer.

Depuis plusieurs années, le prince Roland poursuit, par de nombreux voyages, la connaissance méthodique de l'Europe sous ses différents aspects; c'est ainsi qu'il est allé étudier : en Angleterre, la vie universitaire; en Hollande, pendant un séjour de six mois, les questions multiples de la vie coloniale; en Suède, les « rings » (cercles ouvriers de Stockholm); en Norvége, l'industrie pêchière, et au Finmark, l'histoire, l'ethnographie et l'anthropologie de la race curieuse des Lapons.

Les Alpes de la Suisse et le Tyrol ont fait l'objet de ses recherches orographiques et hydrographiques; au point de vue de la science militaire, il a voulu vérifier l'histoire des guerres de la Révolution et de l'Empire dans la moyenne et haute Italie, ainsi que dans l'Allemagne occidentale.

Le prince Roland parcourait la Croatie, lorsque la discussion de la loi sur l'expulsion des princes lui fit interrompre son itinéraire.

En septembre et octobre 1887, il a visité la Corse pour y recueillir les éléments d'une publication destinée à figurer à l'Exposition universelle de 1889.

Il est membre des Sociétés de « géographie », d' « anthropologie » et de « statistique de Paris et de Londres », de la « Société d'économie sociale » fondée par F. Le Play ; du « Club Alpin français », du « Cercle Saint-Simon » et de l'Association française pour l'avancement des sciences.

Le prince Roland avait épousé, le 7 novembre 1880, mademoiselle Marie Blanc, qui est morte deux ans après, de suites de couche, laissant une petite fille, *Marie*, née le 2 juillet 1882.

2° *Jeanne*, née à Paris le 25 septembre 1861, mariée au marquis Christian de Villeneuve.

ANTOINE.

(1816-1877.)

Né à Frascati, le 31 octobre 1816. Homme très distingué par l'esprit et le cœur. A l'âge de seize ans, il s'embarquait pour les États-Unis, afin de rejoindre son oncle Joseph, qui habitait, sous le nom de comte de Survilliers, sa propriété de Point-Breeze, dans l'État de New-Jersey. Malheureusement, quand il arriva, l'ancien roi d'Espagne avait quitté les États-Unis pour aller se fixer en Angleterre. Le jeune Prince dut revenir auprès de son père; mais à la suite de démêlés avec la force armée du Pape, il fut obligé de quitter Rome. C'est à cette époque qu'il arriva à Paris. Après avoir fait partie de l'Assemblée législative comme député de l'Yonne, il retourna en Italie, où il introduisit des méthodes nouvelles de culture dont les résultats furent merveilleux.

Il mourut à Florence en 1877.

MARIE-ALEXANDRINE.

(1818-1874.)

Femme du vaillant patriote italien comte Vincenzo Valentini. Aussi remarquable par sa beauté que par son esprit, elle a laissé des poésies fort goûtées, notamment une *Couronne de sonnets à la Corse,* et la *Légende de sainte Marguerite de Cortone* en beaux vers italiens.

Son mari avait rendu des services signalés à la cause italienne. Malade, dans une disposition d'esprit douloureuse, irritable, inquiète, il se vit en butte aux attaques des exagérés de son parti, qui lui reprochaient son alliance avec les Bonaparte de France et le rendaient sottement responsable de l'occupation prolongée de Rome. Cette persécution fit sombrer sa raison.

Il se tua.

La comtesse Marie, restée veuve, perdit son fils aîné, *Valentin,* d'un accident de chasse; d'autres disent qu'il fut victime d'un guet-apens.

Elle est morte en 1874.

CONSTANCE.

(1803-1876.)

Quand elle naquit, tout ce qu'il y avait de célèbre à Bologne vint voir cette adorable enfant : le physicien Orioli, le botaniste Bartholoni, le poëte Pepoli, le maestro Rossini, les docteurs Tommazini, Cormelli, le cardinal-évêque Opizoni, ancien nonce à Paris, un des chauds partisans de l'empereur Napoléon III, etc., etc.

Impressionnée, dès l'enfance, par le récit des vicissitudes de toutes sortes qu'eut à subir sa famille, elle résolut de chercher au pied des autels le calme de la vie et la paix de l'âme qui avaient tant fait défaut aux siens. Elle entra au couvent du Sacré-Cœur à Rome, et y mourut le 4 septembre 1876, regrettée, admirée, laissant les plus précieux souvenirs de bonté et de charité, et un renom de sainte.

GÉNÉALOGIE DE LA FAMILLE DU PRINCE LUCIEN BONAPARTE

PREMIER MARIAGE

(Nota. — Les noms des membres décédés sont précédés d'une croix.)

De son premier mariage contracté en 1794 avec *Christine Boyer*, naquirent quatre enfants.

† 1° X..., né en 1795, mort la même année.

† 2° Charlotte BONAPARTE, née le 13 mars 1796, mariée le 27 décembre 1815 avec le Prince *Mario Gabrielli*, mort le 18 septembre 1841, morte elle-même en 1865.

† 3° X..., né en 1797, mort la même année.

† 4° Christine-Egypta BONAPARTE, née à Paris le 19 octobre 1798, mariée en 1818 avec M. *Arvel de Posso Buddel*, et en 1824 avec Lord *Dudley Stuart*; morte à Rome le 19 mai 1847.

SECOND MARIAGE

De son second mariage, contracté en 1802 avec *Alexandrine-Charlotte-Louise-Laurence de Bleschamp*, née en 1778 à Calais, morte à Sinigaglia le 12 juillet 1855, naquirent :

† 1° Charles-Lucien-Jules-Laurent BONAPARTE, né à Paris le 24 mars 1803, marié le 27 juin 1822 avec *Zénaïde-Charlotte-Hongrie-fie*, fille du roi Joseph; mort le 30 juillet 1857, d'où :

† 2° Lætitia, née le 1er décembre 1804, à Milan, unie avec *Thomas Wyse*, mort le 15 avril 1862 ; morte elle-même en 1870.

† 3° Joseph, mort en bas âge.

† 4° Paul-Marie, né en 1808, mort en 1890.

† 5° Jeanne, née à Rome en 1810, mariée au Marquis *Honorati* ; morte en 1828.

6° Louis-Lucien, né le 4 janvier 1813, à Thorigraves, marié en 1833 à *Marianne Ceccchi*.

† 7° Pierre-Napoléon, né à Rome le 11 octobre 1815, marié en 1867 à *Justine-Eléonore Ruflin* ; mort le 7 avril 1881, d'où :

† 8° Antoine, né le 31 octobre 1816, à Frascati, marié en 1839 à *Caroline Cardinelli*, morte en 1879 ; mort lui-même à Florence en 1877.

† 9° Alexandrine-Marie, née le 12 octobre 1818, mariée avec le Comte *Vincente Valentini*, morte en 1838 ; morte elle-même en 1874.

† 10° Constance, née le 30 janvier 1823, morte au couvent du Sacré-Cœur, à Rome, le 4 septembre 1876.

Lucien-Louis-Joseph-Napoléon, né à Rome le 15 novembre 1828, cardinal depuis le 13 mars 1868.

Julie-Charlotte-Pauline-Lætitia-Désirée-Barthélemy, née à Rome le 6 juin 1830, mariée en 1847 avec *Alexandre, Marquis del Gallo Roccagiovine*.

Charlotte-Honorine-Joséphine, née le 4 mars 1832, mariée le 4 octobre 1856 avec Pierre, Comte *Primoli*.

Marie-Désirée-Eugénie-Philomène-Joséphine, née le 18 mars 1835, mariée en 1851 avec Paul, Comte de *Campello*.

Augusta-Amélie-Maximilienne-Jacqueline, née le 9 novembre 1836, à Rome, mariée en 1856 avec son cousin le Prince *Placide* *Gabrielli*.

Napoléon-Grégoire-Jacques-Philippe, né le 5 février 1839, marié en 1859 avec la princesse *Marie-Christine Ruspoli*, morte à Paris en 1864.

† Bathilde-Aloïse-Léone, née le 26 novembre 1840, mariée avec le Comte *Cambaceres*; morte à Paris en 1861.

Roland, né le 19 mai 1858, marié le 7 novembre 1880 avec Marie *Blanc*, morte le 1er août 1882, d'où :

Jeanne, née le 25 septembre 1861, mariée le 12 mars 1882 au Marquis *Christian de Villeneuve*.

Marie-Lætitia-Eugénie-Catherine-Adélaïde-Jeanne-Julie-Zénaïde, née à Rome le 20 décembre 1870.

Eugénie-Lætitia-Barbe-Caroline-Lucienne-Marie-Jeanne, née à Grotta-Ferrata le 6 septembre 1872.

Marie, née le 2 juillet 1882.

[1] pas mentionnés dans cette généalogie les enfants des princesses Bonaparte qui, par suite de leur mariage, ont perdu le nom familial.

PIÈCES JUSTIFICATIVES

Pièce n° 1.

ACTE DE NAISSANCE DE LUCIEN BONAPARTE.

*Extrait des actes de l'état civil
déposés à la mairie de la ville d'Ajaccio.*

Mil sept cent soixante-dix-neuf, le quatre septembre, dans la paroisse de Saint Gerolamo.

Je, soussigné, archiprêtre, ai accompli les cérémonies sacrées, ayant eu l'eau dans la maison, par permission de M^r l'évêque, à l'égard de Lucien, fils de l'Ill^{me} seig^r Charles de Bona Parte, noble du royaume, et de l'Ill^{me} dame Maria Létizia, son épouse, né le vingt-un de mai de l'année mil sept cent soixante-quinze. P. P. I^{me} seig^r Lucien de Bona Parte, archid. de la cathédrale d'Ajaccio, et ont signé,

Signés : Lucien DE BONAPARTE, archidiacre,
Jean-Baptiste FORCIOLI, archiprêtre d'Ajaccio.

Certifié pour copie conforme,
Ajaccio, le 15 juin 1844.

L'officier de l'état civil d'Ajaccio,
Signé : P. F. PERALDI.

Ajaccio, le 17 juin 1844.

Le président du tribunal civil, chevalier de la Légion d'honneur.
Signé : CUNÉO D'ORNANO.

Pièce N° 2.

RADIATION DE LUCIEN BONAPARTE
DE LA LISTE DES SÉNATEURS.

I

SUCCESSION CAMBACÉRÈS.

AOUT 1828   Saint-Cloud, le 18 7ᵇʳᵉ 1810.

Lucien BONAPARTE

(A placer avec les lettres closes du 27 septembre 1810 (après Bulletinage), adressées au Sénat pour faire rayer Lucien Bonaparte de la liste des sénateurs (voir d'autres lettres closes transcrites au registre de la correspondance de l'Empereur et dont copie est ci-annexée), n'ayant que la date du mois de septembre sans celle du jour.)

(Notes des Archives nationales.)

Monseigneur,

S. M. désire que Votre Altesse fasse connaître demain au lever, quelle serait votre opinion sur les mesures à prendre à l'égard de M. le sénateur Lucien, et lui présente le sénatus-consulte à proposer au Sénat.

S. M. a d'abord pensé que le sénatus-consulte pouvait être rédigé dans ce sens :

Considérant que le sénateur Lucien Bonaparte a été nommé sénateur du temps de la République.

Que, lors de l'élévation du trône impérial, il ne fut pas compris dans l'hérédité, parce qu'ayant préféré, au divorce que lui imposait son sang, la folle passion qui l'attachait à une femme sans mœurs, il abandonna sa patrie et sa famille pour la suivre dans un pays étranger, etc.

Que depuis le moment où, par la réunion de Rome à l'Empire, ce pays est devenu français et où toute l'Europe est entrée dans le même système, il ne songea plus qu'à aller s'établir en Amérique.

Qu'il a exécuté son dessein et qu'il est absent du Sénat depuis plusieurs années, sans autorisation et sans congé.

Décrète :

ARTICLE 1er.

Le sénateur Lucien Bonaparte est rayé de la liste des sénateurs.

ART. 2.

Ni lui ni ses enfants ne pourront revenir sur le territoire de l'Empire.

Sa Majesté a ensuite observé que faire un sénatus-consulte pour rayer le sénateur Lucien était une trop petite chose et une mesure moins décente et moins digne de l'auguste famille impériale, qu'une disposition qui résoudrait toute la question, et dont la radiation de la liste du Sénat ne serait qu'une conséquence; qu'ainsi on pourrait dire que le sénateur Lucien a été sourd à tous ses devoirs, que les sollicitations multiples qui lui ont été faites ont été inutiles, que dans les différentes chances des circonstances politiques, il n'est pas revenu à d'autres sentiments; qu'il a persisté à demeurer dans un pays étranger à la France, et que, quand ce pays est devenu français, il l'a quitté pour aller habiter les États-Unis d'Amérique; que lors de l'élévation du trône impérial, il a été mis hors de la ligne de l'hérédité; que cette disposition ne statue à son égard que d'une manière incomplète, qu'il est nécessaire de prévenir les tracas, les erreurs et les dangers qui pourraient en résulter dans une dynastie naissante.

Qu'en conséquence... ensuite les dispositions à proposer pour établir qu'il ne peút, ni lui, ni les siens, être investi d'aucune fonction, dignité, autorité, etc.; de là, la radiation du Sénat.

Je vous transmets à la hâte, Monseigneur, les indications données par Sa Majesté, pour ne pas diminuer encore le peu de temps qu'elle laisse à votre méditation. Votre Altesse appréciera ce motif et excusera le désordre de cette lettre.

Je dois cependant ajouter encore que dans les faits rappelés par S. M., se trouvaient ceux-ci : il y a 8 mois que le sénateur Lucien demanda au duc d'Otrante et reçut un passe-port pour les États-Unis; il s'est mis ainsi en rapport avec les Anglais pour avoir des passe-ports de l'Angleterre, et il les a reçus. Il est en ce moment en Amérique ou prisonnier des Anglais.

Je suis avec respect, Monseigneur, de Votre Altesse Sérénissime,

Le très-humble et très-obéissant serviteur,

Signé : Le duc DE BASSANO.

Saint-Cloud, le 18 7bre, à 8 heures du soir.

(Ce document est manuscrit.)

II

Monsieur le comte Garnier, président du Sénat,

Le sénateur Lucien Bonaparte, absent du territoire français depuis cinq années, et sans aucune autorisation, a renoncé par là à ses droits de sénateur. En conséquence, nous vous écrivons cette lettre pour vous faire connaître que son nom ne doit plus être porté sur la liste des sénateurs. Sur ce, nous prions Dieu, Monsieur le comte Garnier, qu'il vous ait en sa sainte garde.

A Fontainebleau, le 27 7bre 1810.

Signé : NAPOLÉON.

III

Extrait du registre de la Correspondance de S. M. l'Empereur.

Au comte Laplace, chancelier du Sénat.

Du ... septembre 1810.

M. le comte Laplace, sénateur et chancelier du Sénat, je vous écris cette lettre pour vous faire connaître que le nom du *sieur* Lucien Bonaparte ne doit plus être porté sur la liste des sénateurs. Absent depuis cinq ans du territoire de l'Empire, et, lorsque Rome en est devenue partie, ayant quitté ce pays pour passer les mers et se retirer en Amérique, il a renoncé aux devoirs et au titre de sénateur.

En notre qualité de président du Sénat, nous devons le considérer comme démissionnaire.

Lorsque le vœu du peuple français nous a élevé sur le trône

impérial, nous avions droit à la coopération de toutes les personnes qui, comme lui, avaient à remplir des devoirs particuliers envers nous; mais il s'était abandonné à une honteuse passion pour une femme dont les mœurs avaient mis une insurmontable barrière entre elle et tout ce qui est honnête, et nous jugeâmes qu'il ne pouvait être compris dans la ligne de l'hérédité. Tandis que nous élevions nos frères au rang qui convenait à leur naissance et aux intérêts de notre couronne, il resta dans l'état de simple particulier. Depuis, lorsque nous eûmes à surmonter de grands périls et à lutter contre l'Europe entière conjurée, son devoir devait le ramener à nos côtés, et nous avions le droit de réclamer les talents qu'il avait reçus du ciel.

Il a été constamment sourd à notre voix; il vient enfin de chercher un refuge hors de l'Empire, de se mettre sous la protection des puissances qu'il savait peu affectionnées à notre trône, et de rendre plus irrévocable sa renonciation à tous les devoirs envers nous, envers le Sénat, envers la patrie. Il a demandé à notre ministre de la police des passe-ports pour lui et pour le coupable objet de sa passion, et il s'est éloigné de l'Empire, qu'il ne pouvait quitter sans une autorisation spéciale.

Les intérêts et la tranquillité de l'État exigent que non-seulement il ne fasse partie d'aucun corps politique en France, mais que ni lui ni ses enfants ne reviennent jamais dans notre Empire.

Nous vous avons écrit cette lettre, parce que notre intention est qu'elle soit transcrite, à la date de ce jour, sur les registres du Sénat, et l'acte de transcription sera signé au registre par vous et les autres officiers du Sénat. Notre intention est aussi

Pièces justificatives. 179

que cette lettre soit secrète, et ne reçoive pas de la publicité, qu'en tout cas convenable et opportun, et lorsque cela sera utile à l'intérêt de nos peuples et de la postérité.

IV

Aux officiers du Sénat.

Du ... septembre 1810.

Messieurs les officiers du Sénat, en notre qualité de président du Sénat, nous avons jugé convenable de faire rayer de la liste des sénateurs le sieur Lucien Bonaparte, absent depuis cinq ans du Sénat et du territoire de l'Empire, sans autorisation.

Nous avons été conduit à cette détermination par ce motif et par des considérations de grande importance exprimées dans une lettre que nous avons fait enregistrer au Sénat.

V

Au président du Sénat.

Le Sr Lucien Bonaparte, en renonçant au rang auquel l'appelle sa naissance et en manifestant le désir de se retirer en Amérique, a renoncé aux droits de citoyen français et à la qualité de sénateur dont il jouissait comme membre du grand conseil de la Légion d'honneur.

Les actes de constitutions ne l'avaient point appelé à l'hérédité du trône...

Nous avons fait tous nos efforts pour le ramener; la perversité de son caractère les a rendus inutiles.

Ayant d'ailleurs violé toutes les règles qui ne permettent

pas à un sénateur de demeurer absent, sans autorisation, du Sénat, nous jugeons convenable que son nom ne soit pas conservé sur la liste du Sénat.

Fondateur d'une monarchie à laquelle sont attachés le bonheur de la France et le repos du monde, nous avons besoin de prévenir tout ce qui pourrait être une occasion de troubles et servir un jour les desseins des ennemis de la France; nous pourrions considérer ainsi l'existence dans le Sénat d'une personne qui s'est rendue étrangère aux intérêts de la France et aux devoirs que lui impose sa naissance dans les temps de crise et de lutte qui ont précédé la fondation de la monarchie, et qui durent encore aujourd'hui.

Pièce n° 3.

*Lettre de madame la princesse Lucien Bonaparte
à l'Empereur.*

(1810.)

Sire, je prie Votre Majesté de recevoir et de lire avec indulgence la réponse qu'elle attend de moi aux communications qu'elle a daigné me faire par l'intermédiaire de M. Campi : il s'en est acquitté avec son habileté ordinaire, et comme il me paraît que Lucien aurait le droit de l'accuser de trahison envers lui, s'il avait la moindre connaissance du motif secret de sa mission apparente, j'ai en effet pour la première fois fait un secret à mon mari d'une chose dont je redoutais les conséquences. M. Campi pourra témoigner à Votre Majesté que c'est avec une agitation presque fiévreuse, dans la crainte d'un retour inopiné, que je trace ces lignes.

Ah! Sire, quelle peut être, ou plutôt ne pas être ma réponse à Votre Majesté? M'est-il permis d'espérer lui dire la vérité sans lui déplaire, sans l'offenser peut-être?... Ah! Sire, je le répète, daignez me lire avec indulgence.

Commençant par remercier très-humblement Votre Majesté des regrets qu'elle a l'extrême bonté de me faire exprimer d'être obligée de ne pas me traiter à l'égal de ses autres belles-sœurs, par des raisons à elle connues de haute politique, je ne puis que me résigner, tout en me rendant la justice que je n'ai pas donné lieu à la moindre exception flétrissante et que la seule calomnie a pu me noircir aux yeux de Votre Majesté. Encore est-il vrai, et généralement connu, qu'on n'a tâché de porter atteinte à ma réputation que depuis que j'ai eu, à la fois, le bonheur et le malheur de paraître aux yeux de Votre frère digne de son estime, assez pour qu'il me choisît pour sa femme, et qu'on a pu dès lors me supposer l'objet de la haine de Votre Majesté. Si l'on ne m'a point abusée, Sire, un tel rapprochement en faveur de ma conduite et de mon caractère a été fait par Votre Majesté elle-même. Daignez encore, Sire, avec la même justice, avec la même bonté, agréer en même tems que l'expression de ma reconnaissance, celle de mes sincères regrets de ne pouvoir me conformer à ce que Votre Majesté veut bien appeler des nécessités politiques.

Qu'il me soit permis d'ajouter, Sire, tout en sentant la valeur de ce que Vous voudriez faire pour moi, que si j'avais un jour la force d'esprit de penser, ainsi que Votre Majesté s'en exprime, que les devoirs et les vertus de la vie privée, même dans le cœur d'une femme, doivent céder le pas aux devoirs et aux vertus de la politique de son pays, je ne voudrais pas me laisser payer la pratique de tels devoirs et de telles vertus. Un entier désintéressement à cet égard serait seul digne de moi, et si, mettant à part toutes les considérations de cette politique à laquelle, je l'avoue, mon esprit n'atteint pas, je pouvais me décider à faire l'immense sacrifice du bonheur et de l'honneur d'être la compagne chérie d'un homme comme Votre frère Lucien, Dieu seul pourrait m'en dédommager dans le ciel; ici-bas, un tel dédommagement n'est pas même au pouvoir du puissant Empereur auquel j'ai l'honneur de m'adresser en ce moment. Non, Sire, le duché de Parme, toute autre Souveraineté, tout avantage terrestre quelconque qui ne ferait d'ailleurs que mettre plus en évidence l'excès de la noire ingratitude dont je payerais l'amour, l'estime et la confiance du plus généreux des maris, ne pourraient être pour moi d'aucune compensation, car je n'étoufferais pas la voix de ma conscience, et Lucien lui-même souffrirait moins de notre séparation que de l'idée du supplice des remords auxquels il me croirait justement en proie.

Sire, je me jette à Vos pieds, il est aussi impossible que je me sépare secrètement de Lucien, que lui-même me quitte publiquement; nous sommes l'un à l'autre à la vie et à la mort. Il ne me reste plus qu'à implorer, pour la première fois, la seule faveur que Lucien ait jamais sollicitée de Votre Majesté. Sire, permettez-nous de vivre paisiblement dans quelque coin de Votre Empire. Nos enfants, que nous élevons dans l'amour et l'admiration de Votre Majesté, satisferont peut-être un jour cette dette politique que notre honneur et plus encore le leur, ne nous permet pas d'acquitter dans les limites que Votre Majesté croit devoir nous prescrire aujourd'hui. Sire, permettez-moi cette ambition pour nos enfants; faites-moi la grâce d'espérer que Vous voudrez bien oublier un jour que leur mère, dans sa jeunesse, a été assez infortunée pour n'être pas agréable à Votre Majesté.

C'est dans ces sentiments, Sire, que je Vous supplie d'agréer l'hommage des sentiments de respect et de profonde vénération avec lesquels, Sire, j'ai l'honneur d'être,

De Votre Majesté Impériale et Royale,

La très-humble, très-obéissante servante et sujette.

Signé : Alexandrine BONAPARTE.

PIÈCE Nº 4.

DISSOLUTION DE LA CHAMBRE DES PAIRS.
ASSEMBLÉE DU CHAMP DE MAI.

A Lyon, le 13 mars 1815.

NAPOLÉON, par la grâce de Dieu et les constitutions de l'Empire, EMPEREUR DES FRANÇAIS, etc., etc.

Considérant que la Chambre des pairs est composée en partie de personnes qui ont porté les armes contre la France, et qui ont intérêt au rétablissement des droits féodaux, à la destruction de l'égalité entre les différentes classes, à l'annulation des ventes des domaines nationaux, et enfin à priver le peuple des droits qu'il a acquis par vingt-cinq ans de combats contre les ennemis de la gloire nationale.

Considérant que les pouvoirs des députés au Corps législatif étaient expirés, et que dès lors, la Chambre des communes n'a plus aucun caractère national; qu'une partie de cette Chambre s'est rendue indigne de la confiance de la nation, en adhérant au rétablissement de la noblesse féodale abolie par les constitutions acceptées par le peuple, en faisant payer par la France des dettes contractées à l'étranger pour tramer des coalitions et soudoyer des armées contre le peuple français; en donnant aux Bourbons le titre de Roi légitime, ce qui était déclarer rebelles le peuple français et les armées, proclamer seuls bons Français les émigrés qui ont déchiré pendant vingt-cinq ans le sein de leur patrie, et violé tous les droits du peuple en consacrant le principe que la nation était faite pour le trône et non le trône pour la nation.

Nous avons décrété et décrétons ce qui suit :

Article 1ᵉʳ. — La Chambre des pairs est dissoute.

Art. 2. — La Chambre des communes est dissoute ; il est ordonné à chacun des membres convoqué et arrivé à Paris depuis le 7 mars dernier, de retourner sans délai dans son domicile.

Art. 3. — Les colléges électoraux des départements de l'Empire seront réunis à Paris, dans le courant du mois de mai prochain, en *Assemblée extraordinaire du Champ de Mai*, afin de prendre les mesures convenables pour corriger et modifier nos constitutions, selon l'intérêt et la volonté de la nation, et en même temps pour assister au couronnement de l'Impératrice, notre chère et bien-aimée épouse, et à celui de notre cher et bien-aimé fils.

Art. 4. — Notre grand maréchal, faisant fonction de major général de la grande armée, est chargé de prendre les mesures nécessaires pour la publication du présent décret.

Signé : NAPOLÉON.

Par l'Empereur,
Le grand maréchal faisant fonction de major général de la grande armée,
Signé : Bertrand.

Pièce n° 5.

LE MONITEUR UNIVERSEL

EXTRAITS.

Numéro du mercredi 10 mai 1815.

Paris, le 9 mai 1815.

Le prince Lucien, qui a longtemps habité Rome, est rentré en France. Il est arrivé hier à Paris. Sa Majesté lui a assigné pour sa demeure le Palais-Royal. Il recevra demain la visite des ministres et des officiers de la maison de l'Empereur.

Numéro du mardi 23 mai 1815.

Paris, le 22 mai 1815.

Le collége électoral du département de l'Isère a nommé députés, S. A. I. *le prince Lucien,* MM. Sappey, Dupont, Renauldon.

Numéro du jeudi 25 mai 1815.

Paris, le 24 mai 1815.

Le collége électoral du département de l'Isère a nommé députés : MM. Sappey, ex-législateur; *S. A. I. le prince Lucien;* Dupont-Lavillette, bâtonnier de l'ordre des avocats à Grenoble; le baron Renauldon, chevalier de la Légion d'honneur, ex-maire à Grenoble; Duchesne, avocat à Grenoble (suppléant de S. A. I. le prince Lucien).

Pièces justificatives.

Numéro du mardi 6 juin 1815.

CHAMBRE DES REPRÉSENTANTS.

(Séance du 5 juin.)

M. le président communique à la Chambre une lettre qui lui est adressée par S. A. I. le prince Lucien. Son Altesse Impériale prie M. le Président de faire part à l'Assemblée que, *d'après les lettres closes de Sa Majesté*, il a pris séance dans la Chambre des pairs, et qu'en conséquence il a donné sa démission de la Chambre des représentants.

La Chambre ordonne l'insertion de cette lettre au procès-verbal.

En conséquence de la démission donnée par le prince Lucien, un membre propose que M. Duchesne soit admis à siéger dans la Chambre des représentants.

M. le président met aux voix cette proposition, qui est adoptée.

Numéro du jeudi 8 juin 1815.

Paris, 7 juin.

Aujourd'hui, mercredi 7 juin, à quatre heures, S. M. l'Empereur s'est rendu avec un cortége au palais des représentants, pour y faire l'ouverture de la session des Chambres.

Sa Majesté ayant pris place sur son trône, *entourée des Princes ses frères,* des princes grands dignitaires, des ministres, des grands officiers, des grands aigles de la Légion d'honneur et des officiers de sa maison, le grand maître des cérémonies, après avoir pris les ordres de l'Empereur, a invité les pairs et les représentants à s'asseoir.

Pièce n° 6.

JOURNAL DE L'EMPIRE

EXTRAITS.

(1815.)

Numéro du mardi 9 mai 1815.

Le prince de Canino est arrivé aujourd'hui 8 mai, au palais du cardinal Fesch, rue du Mont-Blanc. Le Prince était accompagné de M. de Châtillon.

Numéro du jeudi 11 mai.

Le prince Lucien, qui a longtemps habité Rome, est rentré en France. Sa Majesté lui a assigné pour sa demeure le Palais-Royal. Il a reçu aujourd'hui la visite des ministres et des officiers de la maison de l'Empereur.

Numéro du mercredi 17 mai.

Une députation composée des bureaux et d'un grand nombre des membres de l'Institut, a eu l'honneur d'être présentée aujourd'hui (16 mai) à LL. AA. II. les princes Lucien et Joseph et la princesse Hortense.

Numéro du jeudi 18 mai.

Le prince Lucien a assisté hier au Conseil des ministres, présidé par Sa Majesté.

On remarque que le prince Lucien porte habituellement l'uniforme de garde national.

Numéro du vendredi 19 mai.

On assure que le prince Lucien a été nommé membre de la Chambre des représentants, par le collége du département de l'Isère (Grenoble).

On lit dans un journal de département, que le 9 mai, le prince Lucien est entré chez l'Empereur en habit noir, sans décoration, et qu'à huit heures il en est sorti avec le grand cordon de la Légion d'honneur.

« Lorsque le prince Lucien a reçu la députation de l'Insti-
« tut, il lui a dit avec beaucoup de grâce qu'il se ferait désor-
« mais un plaisir d'assister à ses séances ; que, de tous ses an-
« ciens costumes, il n'avait conservé chez l'étranger que celui
« de l'Institut, et qu'il l'avait souvent porté dans les divers
« pays qu'il avait habités.
                          « Charles Nodier. »

Numéro du samedi 20 mai.

SÉANCE PUBLIQUE DE L'INSTITUT

(18 mai.)

. . . .

S. A. I. le prince Lucien a terminé la séance par la lecture d'une ode contre les détracteurs d'Homère, qui lui contestent l'*Odyssée*. Cette petite composition, un peu didactique, pour ne pas dire un peu froide, mais très-bien conçue et très-sagement écrite, a été accueillie par de vifs témoignages de satisfaction qui n'étaient que justes.

Numéro du vendredi 26 mai.

Le prince Lucien a reçu aujourd'hui (25 mai) plusieurs ministres et un grand nombre de députés.

L'Empereur s'est rendu cette après-midi au Champ de Mars, dans une voiture à huit chevaux; il a visité la salle destinée à l'assemblée du Champ de Mai. Sa Majesté était accompagnée du prince Lucien.

Numéro du jeudi 1ᵉʳ juin.

PROGRAMME DE LA CÉRÉMONIE DU CHAMP DE MAI

. . . .

Une voiture pour LL. AA. II. les Princes, frères de S. M. l'Empereur, une voiture pour les grands officiers de la

Pièces justificatives.

couronne, deux voitures pour les officiers de service près de Leurs Altesses Impériales. La voiture de l'Empereur sera attelée à huit chevaux, les autres à six chevaux.

. . . .

Le grand maître des cérémonies,

Signé : Le comte DE SÉGUR.

Numéro du vendredi 2 juin.

L'Empereur était accompagné de ses trois frères, les princes Joseph, Lucien et Jérôme. Les princes Joseph et Jérôme ont pris place à la droite de l'Empereur, et le prince Lucien à gauche.

Sa Majesté était vêtue d'une tunique et d'un manteau de velours nacarat; les princes ses frères portaient une tunique et un manteau de velours blanc brodé en or. Dès que l'Empereur a paru sur l'estrade, les vingt mille personnes qui formaient l'assemblée se sont levées spontanément. Les trois cents officiers portant les aigles ont agité les drapeaux dans les airs aux cris mille fois répétés de : « Vive l'Empereur ! Vive la nation ! »

Numéro du dimanche 4 juin.

CHAMBRE DES PAIRS.

(Séance du 3 juin.)

Conformément au décret de Sa Majesté du 1ᵉʳ juin, la Chambre des pairs s'est assemblée aujourd'hui à quatre heures moins un quart, sous la présidence du prince archichancelier.

Les princes Lucien, Joseph, Jérôme, étaient présents à la séance. M. le président fait l'appel des noms des pairs présents. Voici ceux que nous avons pu retenir dans cette lecture rapide :

LL. AA. II. les princes Joseph, Lucien et Jérôme.
LL. AA. SS. le duc de Parme, le duc de Plaisance.

CHAMBRE DES REPRÉSENTANTS.

(Séance du 3 juin.)

Dans le nombre des représentants proclamés, on avait remarqué le nom de S. A. I. le prince Lucien. Un membre demande si le prince de Canino peut siéger dans la Chambre des représentants.

Un député de l'Isère[1]. — Je suis du département qui a nommé membre de la Chambre, non le prince de Canino, mais Lucien Bonaparte, ex-tribun, ex-représentant du peuple. Le seul obstacle à son admission parmi nous serait sa qualité de membre de la Chambre des pairs, mais nous ne connaissons pas les membres de cette Chambre; si le prince Lucien est pair, toute discussion à son égard devient superflue; s'il ne l'est pas, il sera temps de s'occuper de son élection après que sa qualité sera établie.

Cette proposition, vivement appuyée, est adoptée à l'unanimité.

[1] M. Sappey.

Numéro du mardi 6 juin.

CHAMBRE DES REPRÉSENTANTS.

(Séance du 5 juin.)

M. le président lit une lettre de S. A. I. le prince Lucien, ainsi conçue :

« Monsieur le Président,

« J'ai l'honneur de vous faire part que, d'après une lettre
« close de Sa Majesté Impériale, j'ai pris séance à la Chambre
« des pairs. Je suis donc dans la nécessité de donner ma
« démission de la Chambre des représentants. Je vous prie,
« Monsieur le Président, de la lui faire agréer, ainsi que mes
« regrets et mon profond respect. »

Mention au procès-verbal.

Numéro du jeudi 8 juin.

CHAMBRE DES REPRÉSENTANTS.

(Séance impériale du 7 juin.)

Sa Majesté est entrée, précédée de LL. AA. II. les princes Joseph et Lucien, etc., etc.

Le prince archichancelier a pris la parole : « Sire, je demande à Votre Majesté la permission de lui présenter les pairs de France et les représentants de la nation qui vont prêter serment entre ses mains. »

Les Princes, frères de Sa Majesté, prêtent les premiers serment d'obéissance aux constitutions de l'Empire et de fidélité à l'Empereur.

Numéro du dimanche 18 juin.

CHAMBRE DES PAIRS.

(Séance du 16 juin.)

Les princes Joseph et Lucien prennent place parmi les pairs.

. . . .

Pièce n° 7.

JOURNAL DE PARIS

EXTRAITS.

Paris, 12 mai.

Depuis avant-hier, le prince Lucien occupe les appartements du Palais-Royal. Des chasseurs de la garde font le service dans le palais.

Paris, 4 juin.

L'élection de S. A. I. le prince Lucien par le département de l'Isère pourra donner lieu à la question de savoir si un prince du sang impérial, étant de droit membre de la Cour des pairs, a pu légalement être nommé député.

Paris, 6 juin.

M. le président de la Chambre des représentants communique à l'Assemblée une lettre qu'il vient de recevoir du prince Lucien, dans laquelle il annonce sa nomination à la pairie par lettre close de Sa Majesté l'Empereur, et donne en conséquence sa démission comme représentant élu du peuple.

Pièce n° 8.

CHAMP DE MAI 1815

INSTRUCTION [1]

(Pièce historique concernant le cérémonial du Champ de Mai.)

Dispositions préparatoires.

MM. les maîtres, aides et adjoints des Cérémonies examineront avec soin si les aigles sont placées ainsi que le porte le programme, dans l'enceinte devant les Députations et les départements auxquels elles sont destinées.

Ils feront placer aux premiers rangs de banquettes, les présidents, les chefs de Députation et les membres de la Commission de contrôle des colléges.

Ils se feront désigner l'officier qui doit commander les bans, roulements et salves, quand le maître ou l'aide des Cérémonies l'indiquera.

Ils veilleront exactement à ce que le trône soit placé sur son estrade (qu'on a ordonné d'élargir), de manière que le prie-Dieu, lorsqu'on le poussera devant l'Empereur, ne gêne point Sa Majesté.

Il faut trois chaises pour les princes, frères de l'Empereur, un carreau devant chaque chaise pour se mettre à genoux;

---

[1] Cette note a été rédigée par M. Aignan, de l'Académie française, maître des Cérémonies de l'Empereur.

deux chaises pour les grands dignitaires, mais point de carreaux devant.

Derrière les colonnes de la tribune, à droite et à gauche, des banquettes pour les ministres et les maréchaux.

Quelques tabourets dans le fond pour les personnes du cortége, qui auront besoin de s'asseoir.

CÉRÉMONIE

Dès que l'Empereur sera assis, un aide des Cérémonies avertira de commencer la messe.

Après la messe, dès que le grand maître des Cérémonies fera une révérence à l'Empereur pour avertir le Prince et les chanceliers, les maîtres et aides des Cérémonies feront avancer la Députation centrale des colléges. Il sera par conséquent à propos que MM. les maîtres et aides des Cérémonies fassent marcher en avant la Commission centrale, dès que la messe sera finie.

L'aide des Cérémonies avertira le chef des hérauts d'armes, dès que le prince archichancelier aura fini, de proclamer l'acceptation de la Constitution.

C'est en ce moment qu'on fait signe d'ordonner la batterie de tambours.

Pendant cette batterie, les membres de la Députation centrale retourneront à leurs places.

Alors une seconde batterie et des trompettes seront ordonnées pour annoncer que l'Empereur va parler.

Après le discours et le serment de Sa Majesté, pendant lesquels on fera tenir tout le monde debout et découvert, lorsque l'archichancelier aura prononcé la formule du serment, on indiquera que tout le monde doit répéter : *Nous le jurons;*

nouveau ban de tambours et de trompettes; signal à l'officiant d'entonner le *Te Deum*.

Pendant le *Te Deum*, les maîtres et aides avertiront les présidents des colléges et les chefs des Députations de se préparer pour avancer à la fin du *Te Deum*, et se tenir près des officiers qui tiendront les aigles.

Avertir les trois ministres et leur indiquer les aigles qu'ils doivent tenir; les ministres descendront au pied du trône, où les aigles leur seront remises, par les escaliers latéraux, et recommander qu'on m'avertisse, quand le *Te Deum* touchera à sa fin.

A la fin du *Te Deum*, faire avancer les présidents et les chefs des Députations après qu'ils auront pris les aigles des mains de ceux qui les portent; le signal sera donné par les officiers qui portent les premières aigles.

Lorsque les Députations se seront retirées, avertir les présidents des douze arrondissements de Paris, de se rendre à l'entrée du Champ de Mars.

Pièce n° 9.

CHAMBRE DES PAIRS.

LISTE DES MEMBRES DE LA CHAMBRE DES PAIRS.

(Séance du 5 juin.)

Le prince archichancelier annonce à la Chambre qu'en conformité de l'art. 5 de l'Acte additionnel aux constitutions, l'Empereur vient de nommer, parmi les membres de la Chambre, un suppléant à la présidence, dans le cas d'absence de son président ordinaire. Le prince donne lecture du décret dont voici le texte :

Au palais de l'Élysée, le 4 juin 1815.

Napoléon, Empereur des Français,

Nous avons décrété et décrétons ce qui suit :
Le comte de Lacépède présidera la Chambre des pairs en cas d'absence du prince archichancelier, et ce pendant la réunion actuelle.

Signé : NAPOLÉON.

Par l'Empereur,
Le prince archichancelier de l'Empire,

Signé : Cambacérès.

Le prince-président annonce à la Chambre qu'elle va entendre la lecture de la liste des pairs de France, nommés jusqu'à ce jour.

M. le comte Thibaudeau, secrétaire, en donne lecture.

Au palais de l'Élysée, le 2 juin 1815.

Sont nommés membres de la Chambre des pairs :

Le prince archichancelier, président.
Le prince Joseph.
Le prince Louis.
Le prince Lucien.
Le prince Jérôme.
Le cardinal Fesch.
Le prince Eugène.
Le duc de Parme.
La duc de Plaisance.
Le lieutenant-colonel Andréossy.
Le maréchal duc d'Albuféra.
Le comte d'Aubusson.
Le duc de Bassano.
Le comte de Beauveau.
Le lieutenant général comte Bertrand.
Le comte de Beaufremont.
Le lieutenant général baron Brayer.
Le comte Barral, archevêque de Tours.
Le lieutenant général comte Belliard.
Le maréchal comte Brune.
Le comte Bigot.
Le comte Boissy.
Le cardinal Cambacérès.
Le comte Cafarelli, conseiller d'État.
Le comte Casabianca.
Le comte Canclaux.
Le comte Carnot.
Le duc de Cadore.

Le comte Chaptal.
Le comte Clary.
Le lieutenant général comte Clausel.
Le comte Colchen.
Le comte de Croix.
Le comte Cornudet.
Le contre-amiral baron Cosmao.
Le maréchal duc de Conegliano.
Le lieutenant général comte Cambronne.
Le comte Clément de Riz.
Le maréchal duc de Dalmatie.
Le maréchal duc de Danzig.
Le baron Davilliers.
Le duc Decrès.
Le comte d'Arjuzon.
Le comte d'Alsace.
Le comte d'Aboville.
Le comte Dejean.
Le comte Dedelay d'Agier.
Le lieutenant général comte Drouot.
Le lieutenant général comte Duchesne.
Le lieutenant général comte Durosnel.
Le maréchal prince d'Essling.
Le maréchal prince d'Eckmülh.
Le lieutenant général comte Dulauloy.
Le lieutenant général comte d'Erlon.
Le lieutenant général comte d'Excelmans.
Le vice-amiral comte Emériau.
Le comte Fallot de Beaumont, archevêque de Bourges.
Le comte Fabre, de l'Aude.
Le lieutenant général comte Friant.
Le lieutenant général comte Flahaut.

Le comte Forbin-Janson.
Le duc de Gaëte.
Le comte Gassendi.
Le lieutenant général comte Gazan.
Le lieutenant général comte Gérard.
Le comte Gilbert des Voisins.
Le lieutenant général baron Girard.
Le maréchal comte Grouchy.
Le maréchal comte Jourdan.
Le comte Lacépède.
Le maréchal de camp comte Labédoyère.
Le lieutenant général comte Laborde.
Le comte Alexandre Larochefoucauld.
Le lieutenant général comte Latour-Maubourg.
Le comte Alexandre Launette.
Le lieutenant général baron Lallemand.
Le lieutenant général comte Laferrière-Lévêque.
Le comte Lavalette.
Le lieutenant général comte Lecourbe.
Le lieutenant général Lefebvre-Desnouettes.
Le comte Lejeas.
Le lieutenant général comte Le Marois.
Le lieutenant général comte de Lobau.
Le maréchal prince de la Moskowa.
Le comte Montalivet.
Le comte de Marnier.
Le comte de Montesquiou, grand chambellan.
Le lieutenant général comte Molitor.
Le comte Monge.
Le lieutenant général comte Morand.
Le comte Molé.
Le comte Mollien.

Le comte Nicolaï.
Le duc d'Otrante.
Le duc de Padoue.
Le lieutenant général comte Pajol.
Le comte Primat, archevêque de Toulouse.
Le comte de Praslin.
Le comte Pontécoulant.
Le comte Perregaut.
Le baron Quinette.
Le comte Rampon.
Le lieutenant général comte Rapp.
Le lieutenant général comte Reille.
Le comte Rœderer.
Le duc de Rovigo.
Le comte Roger-Ducos.
Le comte de Ségur.
Le comte de Sieyès.
Le comte Sussy.
Le maréchal duc de Trévise.
Le comte Thibaudeau.
Le lieutenant général baron Travot.
Le comte Turenne.
Le lieutenant général comte Valence.
Le lieutenant général comte de Valmy.
Le lieutenant général comte Vandamme.
Le duc de Vicence.
Le lieutenant général Verdières.

Signé : NAPOLÉON.

Par l'Empereur,
Le prince archichancelier,

Signé : CAMBACÉRÈS.

PIÈCE N° 10.

ORDRE GÉNÉRAL DE SERVICE

PENDANT L'ABSENCE DE L'EMPEREUR.

Paris, 11 juin 1815.

Nous avons réglé, pour être exécutées pendant notre absence, les dispositions suivantes :

Tous les ministres correspondront avec nous pour les affaires de leurs départements.

Néanmoins ils se rassembleront le mercredi de chaque semaine, au palais des Tuileries, dans la salle du Trône et sous la présidence de notre frère, le prince Joseph, pour les objets relatifs à leurs attributions respectives.

Les affaires concernant les opérations des Chambres y seront également traitées.

Elles le seront aussi dans les conseils des ministres qui se tiendront, sur l'ordre du président, plusieurs jours par semaine et toutes les fois que les circonstances l'exigeront.

Notre frère Lucien prendra séance dans tous les conseils et y aura voix délibérative.

Les ministres d'État, membres de la Chambre des représentants, siégeront aux conseils des ministres, conformément à notre décret de ce jour.

. . . .
. . . .
. . . .

Pièces justificatives. 205

. . . .
. . . .
. . . .

Notre ministre de la guerre fera choix chaque jour, pour porter à franc étrier les dépêches qui nous seront adressées, d'un officier assez intelligent et assez adroit pour se diriger de manière à éviter les partis ennemis.

Signé : NAPOLÉON.

Pièce n° 11.

CHAMBRE DES REPRÉSENTANTS.

COMITÉ SECRET DU 21 JUIN 1815.

M. le président donne lecture du message dont la teneur suit :
« Monsieur le Président,
« Après la bataille de Ligny et du Mont-Saint-Jean, et après
« avoir pourvu au ralliement de l'armée à Avesnes et à Phi-
« lippeville, à la défense des places frontières et à celle des
« villes de Laon et de Soissons, je me suis rendu à Paris pour
« concerter avec mes ministres les mesures de la défense natio-
« nale, et m'entendre avec les Chambres sur tout ce qu'exige
« le salut de la patrie.
« J'ai formé un comité du ministre des affaires étrangères,
« du comte Carnot et du duc d'Otrante, pour renouveler et
« suivre les négociations avec les puissances étrangères, afin
« de connaître leurs véritables intentions, et de mettre un
« terme à la guerre, si cela est compatible avec l'indépendance
« et l'honneur de la nation. Mais la plus grande union est
« nécessaire, et je compte sur la coopération et le patriotisme
« des Chambres, et sur leur attachement à ma personne.
« J'envoie au milieu de la Chambre, comme commissaire,
« LE PRINCE LUCIEN et les ministres des Affaires étran-
« gères, de la Guerre, de l'Intérieur et de la Police générale pour
« porter le présent message, et donner les communications et
« les renseignements que la Chambre pourra désirer.
« Au Palais de l'Élysée, le 21 juin 1815.
« *Signé :* NAPOLÉON. »

LE PRINCE LUCIEN, l'un des commissaires de Sa Majesté, après avoir présenté quelques observations sur la nécessité de l'union entre les corps politiques : « Tout est à « craindre, dit-il, si de sages mesures ne dirigent pas les « volontés vers le même but. L'armée se rallie, et sa force « augmentera chaque jour, pourvu que la bonne intelligence « préside aux conseils de l'État. On ne doit d'ailleurs attendre « quelques succès des mesures diplomatiques adoptées par « l'Empereur, qu'autant qu'il sera démontré, d'une manière « éclatante, qu'un premier revers n'a pas détruit l'unité de « volontés et de sentiments qui a fait la force de la France. « Quant aux troubles qui se sont manifestés dans plusieurs « départements, c'est par les mêmes moyens qu'ils peuvent « être apaisés; le salut de la patrie, enfin, est tout entier dans « l'union de ses premiers magistrats. »

LE MINISTRE DE LA GUERRE, obtenant la parole, exprime le regret de ne pouvoir encore donner les renseignements qu'on peut désirer sur la situation de l'armée. Il croit que le mal n'est pas aussi grand qu'on le publie, et que la perte du matériel peut être réparée. Il assure qu'il se trouve à Paris plus de quatre cents bouches à feu, et que les fusils ne manquent pas.

Il répond à l'interpellation d'un membre, que les pertes de l'armée commandée par l'Empereur, et dont il ne peut connaître l'étendue, ne sont pas telles qu'on ne puisse arrêter la marche de l'ennemi; qu'il y a des ressources dans les corps placés sur la Loire et à de courtes distances; qu'on peut envoyer des renforts vers les points menacés; que la capitale est défendue par des retranchements et des batteries considérables, et qu'avec de sages précautions et de la bonne volonté, elle sera vraiment à l'abri des dangers. Le ministre désire qu'il soit nommé une commission, à laquelle il se réserve de donner des renseignements plus particuliers, qui pourraient être de quelque utilité.

LE MINISTRE DES RELATIONS EXTÉRIEURES monte à la tribune. Un membre demande qu'il veuille bien s'expliquer sur l'objet des négociations à rouvrir avec les puissances étrangères et sur les motifs d'espérance qu'on en peut concevoir.

Le ministre s'en réfère au rapport dont il a donné communication à la Chambre, et dit qu'avec le concours des représentants, et à l'aide de l'union, on doit espérer de convaincre les puissances qu'elles ne feront accepter à la France que des conditions honorables, dont les bases soient l'intégrité de son territoire et l'indépendance de son gouvernement.

Un membre explique que le nouveau comité des affaires étrangères ne paraît pas en mesure d'obtenir des conditions satisfaisantes après le succès de l'ennemi. Il fait la proposition formelle qu'il soit nommé, dans le sein de la Chambre, une commission chargée de porter aux puissances le vœu de la nation française, et de traiter en son nom.

LE MINISTRE DE L'INTÉRIEUR retrace sommairement les faits exposés dans la correspondance du gouvernement. Il observe qu'on s'est plu à exagérer le désastre de l'armée, qu'un premier revers n'a pu abattre son courage, que l'ordre se rétablit sensiblement dans les rangs, et qu'avec des munitions, des effets d'équipement et des renforts, on lui donnera les moyens de reprendre ses avantages. Il faut en même temps, ajoute-t-il, tenter d'amener les étrangers aux bases des négociations sur lesquelles on est généralement d'accord.

Un membre, parlant de l'opinion que l'Europe entière

est armée contre l'Empereur, fait sentir que si toute négociation est impossible, il ne restera d'autre parti à Sa Majesté que celui que saurait prendre un Antonin sur le trône : de résigner son pouvoir et d'en faire le sacrifice au salut de la patrie. C'est devant les commissaires mêmes de l'Empereur qu'il confie à la sollicitude de la Chambre cette importante ouverture, et il ajoute que si elle est accueillie, il serait nécessaire que la mesure à prendre en conséquence fût combinée de manière que les ministres continuassent les fonctions du gouvernement.

LE PRINCE LUCIEN oppose à cette ouverture des considérations d'un autre ordre. Il dit « que les alliés n'ont refusé
« de communiquer avec l'Empereur que parce qu'ils affectèrent
« de douter des dispositions de la France, et qu'ils se sont
« flattés ensuite que les Français manqueraient de persévé-
« rance et céderaient au premier choc; c'est le principe de
« l'obstination des ennemis à repousser la paix.
« Mais serait-il vrai que leurs calculs ne dussent pas trom-
« per leur ambition, et que la France ne trouvât pas en elle
« cette énergie dont la Russie, dont l'Espagne lui ont fourni
« des exemples contre elle-même? S'il en était ainsi, poursuit
« l'orateur, si nous abandonnions nous-mêmes notre propre
« cause, il ne resterait plus qu'à déplorer la perte de la patrie. »

LE GÉNÉRAL LAFAYETTE s'élève avec force contre les inculpations de légèreté qu'il croit avoir été faites au caractère français par le préopinant. Il rappelle les désastres d'Espagne, de Moscou, de Leipzig, où les Français n'ont montré que trop de confiance et d'attachement pour un chef qui les conduisait à la ruine.

Un autre membre, consultant la situation des affaires,

demande s'il est possible de sauver la France avec l'Empereur, et, dans ce cas, il repousse l'idée de l'inviter à déposer le pouvoir; dans le cas contraire, il appuierait la proposition d'en appeler à lui-même et de provoquer sa générosité. Si les alliés n'en veulent qu'à sa personne, l'Empereur est assez grand pour faire tous les sacrifices que peut exiger le salut de l'État. L'orateur désire que les ministres se mettent en mesure d'éclairer la délibération de la Chambre.

Un autre membre repousse l'alternative proposée. Il croit que rien n'est perdu si l'on veut fortement sauver la patrie, et qu'on sache employer les ressources qui lui restent.

LE MINISTRE DES RELATIONS EXTÉRIEURES déclare consentir, au nom du gouvernement, à la formation d'une commission de cinq membres, qui se réunirait au comité nommé par l'Empereur, pour renouveler et suivre des négociations.

Un membre estime que la mesure tendant à renouveler des négociations par le gouvernement avec le concours des Chambres est celle qui présente le plus d'avantages. On pourra dire aux alliés : Vous repoussez Napoléon; mais s'il se retire, quelle garantie donnez-vous de votre respect pour l'indépendance nationale? Si des garanties sont offertes, nul doute que Napoléon ne se sacrifie au bien public; si on les refuse, les Français n'auront à consulter que l'honneur et le désespoir.

Il est fait une nouvelle interpellation au ministre des relations extérieures sur les négociations qui peuvent avoir été entamées à Vienne pour assurer le retour en France de l'impératrice Marie-Louise.

Le ministre répond qu'il n'a rien été omis de ce qu'il avait à dire dans les communications faites à la Chambre. Diverses

Pièces justificatives. 211

propositions sont successivement présentées par les membres et par les ministres.

LE PRINCE LUCIEN demande qu'il soit formé une commission chargée de s'associer au conseil des ministres, et de coopérer aux mesures de salut public qu'exigeront les circonstances.

Plusieurs membres font observer que, dans l'état actuel de la discussion, la Chambre ne peut pas prendre une mesure définitive. Ils pensent qu'il convient de désigner provisoirement une commission de cinq membres qui, de concert avec une commission de la Chambre des pairs et les ministres de Sa Majesté, s'occupera sans relâche des moyens de salut public à proposer à la délibération des Chambres.

Les opinions se partagent sur le mode de fonction et sur les attributions de cette commission. Il est présenté à cet égard deux propositions qui paraissent devoir concilier les suffrages et sur lesquelles la Chambre se réserve de délibérer en séance publique.

On demande que le comité secret cesse à l'instant.

La Chambre consultée, M. le président fait ouvrir les portes des tribunes publiques.

Pièce n° 12.

Extrait de l'*Almanach impérial* de 1815.

INSTITUT IMPÉRIAL

1re CLASSE.

Sciences mathématiques.

L'EMPEREUR, nommé membre de cette classe, *section de mécanique,* le 5 nivôse an VI.

2e CLASSE.

Langue et littérature françaises.

Le prince Lucien.
M. *Baour-Lormian,* rue du Mont-Blanc, n° 20.

3e CLASSE.

Histoire et littérature anciennes.

Le prince Joseph-Napoléon.

4e CLASSE.

MM. *Girodet,* section de Peinture, rue Grange-Batelière, n° 26.
Rondelet, Architecture, au Panthéon.
Cherubini, Musique, rue Bergère, n° 2.
Castelan, Histoire et théorie des arts, rue du Mont-Blanc, n° 29.

Pièce n° 13.

Lettre du prince Lucien à Pauline Borghèse, sa sœur.

Neuilly, 26 juin 1815.

Tu auras su, ma chère Pauline, le nouveau malheur de l'Empereur, qui vient d'abdiquer en faveur de son fils. Il va partir pour les États-Unis de l'Amérique, où nous le rejoindrons tous. Il est plein de courage et de calme. Je tâcherai de rejoindre ma famille à Rome, afin de la conduire en Amérique. Si ta santé le permet, nous nous y reverrons. Adieu, ma chère sœur; maman, Joseph, Jérôme et moi, nous t'embrassons bien.

Ton affectionné frère,

Lucien.

P. S. — Je me suis retiré à ta belle campagne de Neuilly[1].

[1] Cette lettre fut interceptée et rendue publique. C'est la dernière que le prince Lucien écrivit de France.

Pièce n° 14.

ALMANACH IMPÉRIAL
DE L'ANNÉE 1815.

NAISSANCES ET ALLIANCES DES ROIS, REINES ET PRINCESSES
DE L'EUROPE.

(Omis dans les Almanachs de 1815.)

FRANCE

NAPOLÉON, *né* le 15 août 1769, Empereur des Français le 18 mai 1804, *sacré et couronné* à Paris le 2 décembre de la même année, *marié* à Vienne le 11 mars 1810, à Paris, le 1er avril suivant, à

Marie-Louise, archiduchesse d'Autriche, *née* le 12 décembre 1791, Impératrice des Français. De ce mariage :

Napoléon-François-Charles-Joseph, prince impérial, *né* le 20 mars 1811.

Joseph-Napoléon, frère de l'Empereur, *né* le 7 janvier 1768, Grand Électeur, *marié* le 1er août 1794, à

Marie-Julie, *née* le 26 décembre 1777. De ce mariage :

Charlotte-Zénaïde-Julie, *née* le 8 juillet 1801.

Charlotte, sa sœur, *née* le 31 octobre 1802.

Pièces justificatives.

Lucien Bonaparte, frère de l'Empereur, *né* le 25 mai 1775, *marié* le 10 octobre 1794, à
Christine, *née* le 20 décembre 1774. De ce mariage :
    Charlotte, *née* le 22 février 1796.
    Christine, *née* le 23 octobre 1800.
Remarié le 15 juin 1802, à
Alexandrine-Laurence, *née* le 10 avril 1781. De ce second mariage :
    Charles-Laurent-Lucien, *né* le 13 juillet 1803.
    Marie-Lætitia, *née* le 11 avril 1805.
    Jeanne, *née* le 30 décembre 1807.
    Paul, *né* le 3 novembre 1809.
    Louis, *né* le 17 février 1813.

Louis-Napoléon, frère de l'Empereur, Connétable, *né* le 2 septembre 1778, *marié* le 3 janvier 1802, à
Hortense-Eugénie, *née* le 10 avril 1783. De ce mariage :
    Napoléon-Louis, *né* le 11 octobre 1804.
    Charles-Louis-Napoléon, *né* le 20 avril 1808.

Jérôme-Napoléon, frère de l'Empereur, *né* le 15 novembre 1784, *marié* le 22 août 1807, à
Frédérique-Catherine-Sophie-Dorothée, princesse royale de Wurtemberg, *née* le 21 février 1783.

Marie-Anne-Élisa, sœur de l'Empereur, *née* le 3 janvier 1777, *mariée* le 5 mai 1797, à
Félix Bacciochi, *né* le 18 mai 1762. De ce mariage :
    Napoléone-Élisa, *née* le 3 juin 1806.

Marie-Pauline, sœur de l'Empereur, *née* le 20 octobre 1780, *mariée* le 6 octobre 1803 à
Camille, prince *Borghèse, né* le 19 juillet 1775.

Marie-Annunciade-Caroline, sœur de l'Empereur. *Voyez* Naples.

Marie-Lætitia, Madame, mère de l'Empereur, *née* le 24 août 1750.

NAPLES.

Joachim-Napoléon, né le 25 mars 1771, grand amiral de France, roi de Naples le 15 juillet 1808, *marié* le 20 janvier 1800, à
Marie-Annunciade-Caroline, sœur de l'Empereur des Français, reine de Naples le 15 juillet 1808, *née* le 25 mars 1782. De ce mariage :
    Napoléon-Achille, prince royal, *né* le 21 janvier 1801.
    Napoléon-Lucien-Charles, son frère, *né* le 16 mai 1803.
    Lætitia-Josèphe, sa sœur, *née* le 25 avril 1802.
    Louise-Julie-Caroline, sa sœur, *née* le 22 mars 1805.

NOTES COMPLÉMENTAIRES

Lettre adressée à M. le Ministre de l'intérieur sous la présidence du prince Louis-Napoléon, par madame la princesse Alexandrine Bonaparte, douairière de Canino, veuve du prince Lucien Bonaparte.

Monsieur le Ministre,

Du fond de la retraite où je vis depuis plusieurs années et bien que je vous sois personnellement inconnue, c'est avec confiance que je m'adresse à vous, avant de faire une démarche que mon devoir de mère de famille m'impose et que je ne veux pourtant pas faire directement moi-même, sans être renseignée autrement et plus sûrement que je ne le suis des intentions à cet égard du Prince président. Ceci posé, que Monsieur le Ministre veuille bien me prêter quelque attention pour connaître ce dont il s'agit.

Pendant les cent jours qui s'écoulèrent entre ce qu'on a appelé les deux restaurations, après la réconciliation qui eut lieu entre l'empereur Napoléon et son frère Lucien, Sa Majesté remit à celui-ci, de la main à la main, la valeur de deux millions de francs, en bons de délégations ou inscriptions sur les forêts de l'État. Cette remise fut faite de la part de l'Empereur à mon mari, en dédommagement, d'abord, de la partie arriérée de ses appointements de sénateur *sénatorié* et de grand officier de la Légion d'honneur, qu'il était déjà depuis la fondation de l'ordre, mais dont il n'avait point reçu la décoration, ce qui fit que l'Empereur, en cette heureuse occasion de rapprochement fraternel, détacha lui-même le grand cordon qu'il portait ce jour-là, et avec lequel il était revenu de l'île d'Elbe, pour en décorer son frère.

Ensuite, si toutes les marques du retour de la tendresse de l'Empereur furent données à mon mari, en réparation matérielle des pertes de la même nature qu'il avait faites, elles le furent aussi et surtout dans leur partie morale et sentimentale, en espèce de compensation des chagrins, à trop de titres, hélas! incompensables, tristes fruits de notre long exil, dont, justice soit rendue à la mémoire de l'empereur Napoléon, il témoigna des regrets, ainsi que le prouve d'ailleurs la propriété desdites délégations de forêts, ajoutée à celle du Palais-Royal, que Sa Majesté désigna pour la résidence de notre famille et tous les dons accessoires à ce palais, tels qu'argenterie, voitures, chevaux, mobilier renouvelé dudit palais, expressément extrait du garde-meuble impérial, en même temps que Sa Majesté désigna pour le service d'honneur de son frère, des officiers de sa propre maison impériale.

Mais l'Empereur ne borna pas à tout cela le cours de ses bontés pour nous, il donna l'ordre qu'une frégate fût expédiée à Civita-Vecchia, pour me transporter de Rome, où j'étais alors avec toute ma famille, à Paris, où Sa Majesté voulait bien se montrer empressée de me voir arriver; extrême bonté de sa part, dont je ne pus toutefois profiter dans ces cent jours, me trouvant au moment de donner naissance à notre huitième enfant [1].

Si j'entre dans les détails des grands témoignages, des grands sentiments fraternels dont mon mari reçut la preuve du cœur et des mains de l'Empereur, c'est moins pour les réclamer que pour les constater et les rappeler, s'il pouvait être vrai qu'on les eût oubliés, ce que je ne croirai jamais qu'avec des preuves; je sais, par expérience, combien les rapports applicables aux très-hautes positions sont souvent infidèles.

[1] Cet enfant était le prince Pierre-Napoléon.

Ainsi, sans m'attacher à réclamer tout ce qui a été donné par l'Empereur dans sa généralité, je me bornerai à ne parler particulièrement que des dons ou inscriptions hypothécaires, qui sont les seules choses échappées à la confiscation générale, tous les autres riches effets donnés par l'Empereur étant restés à la disposition du duc d'Orléans, qui probablement n'a pas songé à nous les rendre.

Au même sujet, je dirai à Monsieur le Ministre ce qu'il sait sans doute autant et mieux que moi : que, malgré que les mêmes inscriptions de forêts provinssent de la liste civile de l'Empereur, reconnue par les traités de ce temps-là, notamment par l'art. 11 du traité de Fontainebleau, où sont garantis par la France et tous les signataires du traité, les effets et sommes de cette catégorie, non-seulement ces dons ne furent point payés par Louis XVIII, mais qu'il les annula par acte de son bon plaisir.

Toute réclamation devint inutile et même dangereuse pour les détenteurs légitimes des délégations ainsi frappées de cette nullité, qui elle-même, suivant les lois que la justice de Dieu se plaît quelquefois à manifester pour la consolation et l'espoir des opprimés, devait être annulée à son tour et le sera sans doute par le Prince président lui-même.

Pour achever de mettre Monsieur le Ministre au courant de ce qui nous concerne, je lui dirai qu'après la révolution de 1830, le gouvernement m'ayant permis de faire un voyage à Paris, je ne manquai pas de réclamer au sujet de deux millions de bons de forêts ; ce n'était pas le cas de parler du Palais-Royal. Mais, comme le roi Louis-Philippe et sa famille, au milieu des politesses qu'ils ont bien voulu me faire, n'ont pu ou voulu me donner que des espérances, je n'ai pas même retiré de la maison de banque, où elles sont encore, mes susdites délégations, me réservant de les produire au temps où l'on voudra bien les reconnaître valables, selon l'intention du donateur.

Depuis l'avénement du Prince, neveu de mon mari, au pouvoir présidentiel, je n'ai pas voulu l'importuner d'aucune réclamation, parce que j'ai pensé que si cela eût tout à fait dépendu de lui, justice eût été faite pour ses parents, comme pour tout le monde. Aujourd'hui!!!... je suis encore dans la même persuasion de sa justice, avec infiniment plus d'espoir de l'obtenir, parce que sa volonté est toute-puissante et que mes droits sont incontestables. Mais, j'ai l'honneur de le répéter à Monsieur le Ministre, pour le lui préciser plus clairement, des circonstances particulières que je n'ai toutefois aucun motif de ne pas lui révéler, s'il le juge à propos, m'obligent avant tout de chercher à connaitre les dispositions du Prince président, à l'endroit de cette dette de son oncle l'empereur Napoléon, réversible par droit d'héritage et de dispositions testamentaires sur la veuve et les enfants de son oncle Lucien.

Telle est la communication confidentielle que j'ose prier Monsieur le Ministre de faire officieusement de ma part au Prince président; espérons qu'il voudra bien me transmettre sa réponse; tel est enfin le délicat et bon office que, j'aime à m'en flatter, voudra bien me rendre Monsieur le Ministre, auquel j'offre d'avance mes plus sincères remercîments, en même temps que l'expression de ma très-haute considération.

Princesse Bonaparte (Lucien),
Princesse douairière de Canino.

A la page 163 de ce volume, il est dit.

« Lors du rétablissement de l'Empire, il (Pierre-

Notes complémentaires. 221

« Napoléon) reçut, comme son frère aîné Louis-Lucien,
« les titres de Prince et d'Altesse. »

L'expression n'est pas juste.

En effet, lors du rétablissement de l'Empire, le prince
Pierre-Napoléon protesta contre la distinction politique
qui venait d'être établie dans la famille, contrairement à
ce qu'avait fait Napoléon Ier en 1815.

Mais cette protestation ne fut pas accueillie par le nouveau souverain. Des raisons alléguées pour motiver cette distinction absolument contraire aux volontés du chef de la dynastie, une seule, sur laquelle il fut appuyé particulièrement, donnera la valeur des motifs rédhibitoires opposés à cette trop légitime revendication. On prétendit que « *la branche de Lucien était trop nombreuse* ».

En présence de cette opinion étrange qui n'était que l'*ultima ratio* de la force contre le droit, le prince Pierre-Napoléon se retira sans pousser plus loin la discussion, se contentant de rester Prince et Altesse tout court.

Tout récemment a paru dans la presse une note dont nous ne rechercherons pas les inspirateurs et qui tendait à établir des différences entre les situations des divers frères de Napoléon Ier. A cette note, énonçant des faits pertinemment illogiques et faux, il a été répondu par la lettre suivante, à la date du 3 septembre 1888 :

« A la fondation de l'Empire, en 1804, Napoléon

« désigna Joseph et Louis comme membres de la famille
« impériale, à l'exclusion de Lucien et de Jérôme.

« Ce fut seulement en 1807[1], à l'occasion de son mariage
« avec la princesse de Wurtemberg, que Jérôme fit partie
« de la famille impériale.

« En 1815, Lucien, voyant son frère accablé par les
« événements, vint spontanément lui offrir ses services,
« qui furent immédiatement acceptés.

« Napoléon, en effet, lui rendit son rang dans la
« famille, avec le titre de Prince français et d'Altesse
« Impériale, lui assigna comme résidence le Palais-Royal,
« où, dès son arrivée, il reçut les ministres et les officiers
« de la maison de l'Empereur.

« *Signé :* Roland Bonaparte. »

[1] On trouve, en effet, cette modification de la composition de la famille dans l'*Almanach impérial* de 1807.

TABLE DES MATIÈRES

	Pages
Avant-propos..	1

CHAPITRE PREMIER
Ses débuts. — Premier mariage de Lucien. 1

CHAPITRE II
Aux Cinq-Cents. — Le 18 Brumaire. 7

CHAPITRE III
Ministère de l'intérieur. — Ambassade d'Espagne. 35

CHAPITRE IV
Les conflits. — La cession de la Louisiane. — Second mariage de Lucien. 45

CHAPITRE V
L'exil. — En Italie. — L'entrevue de Mantoue. 55

CHAPITRE VI
Les Cent-Jours. 77

NOTICES BIOGRAPHIQUES

	Pages.
Charles Bonaparte.	143
Lætitia.	145
Joseph.	id.
Paul-Marie.	146
Jeanne.	147
Louis-Lucien.	id.
Pierre-Napoléon.	148
Antoine.	167
Marie-Alexandrine.	168
Constance.	169

PIÈCES JUSTIFICATIVES

Pièce n° 1. — Acte de naissance de Lucien Bonaparte.	173
— 2. — Radiation de Lucien Bonaparte de la liste des sénateurs.	174
— 3. — Lettre de madame la princesse Lucien Bonaparte à l'Empereur.	181
— 4. — Dissolution de la Chambre des pairs.	184
— 5. — Le *Moniteur universel*.	186
— 6. — *Journal de l'Empire*.	188
— 7. — *Journal de Paris*.	195
— 8. — Champ de Mai 1815. — Programme de la cérémonie.	196
— 9. — Chambre des pairs. — Liste des membres.	199
— 10. — Ordre général de service pendant l'absence de l'Empereur.	204
— 11. — Chambre des représentants. — Comité secret.	206
— 12. — Institut impérial.	212
— 13. — Lettre du prince Lucien à Pauline Borghèse, sa sœur.	213
— 14. — *Almanach impérial* de l'année 1815.	214
— 15. — Notes complémentaires.	217

PARIS. — TYP. DE E. PLON, NOURRIT ET Cⁱᵉ, RUE GARANCIÈRE, 8.

www.ingramcontent.com/pod-product-compliance
Lightning Source LLC
Chambersburg PA
CBHW070750170426
43200CB00007B/719